羽生結弦

レンズ越しの

神カメラマンが見た絶対王者

著 田中 充
尚美学園大学准教授／元産経新聞運動部記者

写真 小海途良幹
スポーツニッポン新聞社写真映像部カメラマン

山と溪谷社

3

ニチレイ
LOTTE

レンズ越しの羽生結弦

神カメラマンが見た絶対王者

序章

「一瞬の華麗さですね」

2024年10月18日。仙台市郊外のスタジオで、まさに撮影を終えたばかりのフィギュアスケーター・羽生結弦に、被写体として写真に期待できることを聞いたときの答えだった。

フィギュアスケートの演技は、一つずつの細やかな動きが連なることで「線」として表現される。

一方、写真は連続した動きの一瞬を「点」で切り取る。それは、ときに残酷にも見える。「線」という一連の動きのなかであれば、ごまかすこともできたかもしれない「隙」も、「点」でとらえられることで、浮き彫りにされてしまう。

しかし、羽生の演技には、どの一瞬を切り取っても、そこに「表現」があり、「芸術の域」に達している。それが、羽生結弦というスケーターにレンズを向け続けてきたカメラマンから聞く偽りのない感想だ。

筆者は、この本を出すにあたって機会を設けてもらった羽生へのインタビューから、一瞬の点で魅せる羽生の写真は、必然的に出来上がっていることを思い知った。

「フィギュアスケートに『線』としての美しさがあっても、すごく細かく分割していけば、その瞬間は『点』でしかないですよね。その『点』も、もっと細かい粒子のような動きの連続です。僕はどれだけ細かな、粒子のような『点』であっても、すべてがカッコよく、きれいな状態で『線』になりたいと思っています。

考えてみれば、時間軸もそうですよね。過去から未来につながる『線』のようにとらえていますが、それは『いま』の連続でしかない。だったら、被写体としての僕は、毎回、どこを切り取られたとしても、カッコよくありたいというのが理想です」

――カメラのレンズを向けられる被写体としての心構えはありますか？

筆者の漠然とした問いかけにも、羽生ははっきりと答えた。

「カメラマンが撮りたいと思う最高の状態であることです」

2枚の写真がある。一枚は、アドレナリンを全開にさせ、闘志みなぎらせた闘いを終えた直後の絶対王者の姿だ。鬼気迫る表情は、ケガを乗り越えて栄光の座を死守できたことを確信していた。もう一枚の写真の背中は、前人未到の超大技に挑み、自らとの闘いを終えた「孤高の存在」を映し出していた。

◇

2018年平昌五輪で男子66年ぶりとなる連覇を決めたフリー直後と、国際スケート連盟（ISU）が史上初めてクワドラプルアクセル（4回転半ジャンプ）を技として「認定」した北京冬季五輪のときにレンズに収めた写真だ。

撮影したのは、いずれもスポーツニッポン新聞社（スポニチ）の報道カメラマン、小海途良幹である。

平昌五輪でも、北京五輪でも、王者の「一瞬」を取り逃すまいと、レンズを向け続けた。一枚目のキャプションは「「勝った～!!!」金メダルの雄叫び」（平昌五輪フィギュアスケート個人男子フリーの演技を終え、喜びを爆発させる羽生結弦。金メダルを獲得し、五輪男子66年ぶりの2連覇。日本勢金メダル第1号で日本選手団を勢いづけた＝韓国・江陵アイスアリーナ 2月17日）。この写真は2018年の東京写真記者協会 スポーツ部門賞

（海外）にも輝いた。

しかし、小海途は外の評価には目もくれない。大事なことは、自分が納得できる写真を撮れたか、撮れなかったか。もっといい写真にできたのではないか、フォト（撮影）ポジションはベストだったか、色合いは適しているか。どんな一瞬であっても、「最高の状態」であり続ける羽生をとらえられたという実感がないからこそ、自分の写真にただの一度も満足ができたことがないという。だからこそ、次の写真が、これまでのなかで、いちばんいい写真になるように――。

小海途は取材会場に他社のカメラマンに先んじて足を運び、誰もこない場所でもカメラを手に被写体を待つ。既存の写真に疑いの目を向け、「もっと違う写真は撮れないか」と考えをめぐらせる。

そんな小海途の頑なに貫いてきた姿勢を、羽生はわかっていた。

一人のカメラマンの評価に対する言及は、影響力の大きさからも避けることを筆者はインタビューのときにも想像していた。

しかし、羽生は自然体のまま、小海途についてこう語った。

「スポーツの写真を撮っているカメラマンのなかで、アート寄りの写真を撮るタイプというか、自分の色味を出してくれる人だなあと、すごく思っていました」

傍らで小海途が照れ笑いを浮かべて恐縮する。

羽生はおかまいなしに言葉を続けた。

「なかなかいないんですよね。どうしても、(新聞社のカメラマンは)報道写真っぽくなってしまうというか。でも、それを無視して、という表現が適切かはわかりませんが(視線を向けられた小海途がうなずく)、自分が撮りたいように、いいと思ったシーンや風景を撮りたい、という思いがとても強い方だなと思っていました」

そのとおりだった。小海途は、大学卒業後に入社したスポニチで、スポーツ報道において長く受け継がれてきた、いわゆる「定型写真」を撮ろうとしなかった。ゆえに、既存の慣習に抗う小海途は、会社員としては扱いにくい一面もあっただろう。新聞社の写真部には、カメラマンが撮影した写真を、紙面に掲載するために出稿するデスクが社内で待ち構える。そこに従来の常識とされる「定型」ではない写真が届けば、どうなるだろうか。

「常識」の外にいた小海途に、運命的な出会いが待っていた。

レンズを向け続けた、その対象こそが羽生結弦だ。絶対王者として競技の上で放つ圧倒的な強さに加え、時折見せるしとやかな表情、鍛え上げた肉体は決して鋼のようではなく柔らかさも持ち合わせている。「透明感」という印象がピタリとはまり、競技の枠を超えた存在感を解き放つ。

そんなフィギュアスケートにも、「定型」の写真は存在した。ジャンプやスピンの体勢など、一目瞭然でどの競技かが読者にわかること。そのためには、スケート靴を含めた被写体の全身をカメラに収めることなどが「定型」の条件だった。

フィギュアスケートの取材現場には、新聞各社の報道カメラマンのほかに、専門誌などで活躍するフリーランスのカメラマンもいる。一流のフリーカメラマンはファンの間でも圧倒的な人気を得る。報道写真とは一線を画し、レンズのフィルターを通じて自在にフィギュアスケートを表現する手法が支持されている。

小海途には迷いが生じていた。

「スポーツ紙のフィギュアスケートの写真は、これまでと一緒でいいのか。羽生結弦さんがいる、この時代に生きたカメラマンとして『定型』の写真を撮るだけでいいのか」

そんな一歩が、大きな変革を生み出した。

◇

スマートフォンやタブレットなどを幅広い世代が愛用するようになり、「活字離れ」は輪をかけて深刻化している。「新聞が売れない」。こう言われるようになって久しい。

そんななかで、異彩を放つのが、ある日のスポーツ新聞だ。

プロスケーターに転向した羽生がメディアにアイスショーを公開した翌朝、スポーツ紙各社はそろって、見開きページで羽生の特集を組む。記事もさることながら、メインはショーのワンカットを切り取った写真である。羽生を支持するファン層には圧倒的に女性が多いとされる。

スポーツ紙といえば、プロ野球やメジャーリーグ、サッカー、ゴルフ、相撲、さらには公営ギャンブル（競馬や競輪、競艇、オートレース）など、中高年の男性が好むスポーツ情報が満載だ。本来なら、羽生のファン層にはマッチしないだろう。

しかし、羽生の公開練習や単独公演、自身が出演するアイスショーがメディア公開された翌日は、開催地の主要ターミナル駅周辺のコンビニエンスストアや駅の売店で、スポーツ紙が完売する。

ファンの目的は記事よりも、むしろ紙面に掲載された羽生の写真にある。とりわけ、人気が高いのが、スポニチだ。羽生の表情、肉体のラインなどを美しく、そして、羽生のイメージである「透明感」をもって映し出すカットにファンは惹かれる。

スポニチの「羽生専属カメラマン」となった小海途の写真だ。変革に挑んだ彼はいつしか、ファンの間で「神」と呼ばれるようになった。いまや、メディアの間でも「神カメラマン」といえば小海途、という認識が浸透している。

◇

活字メディアのスポーツ報道を伝える役割を担うのは、原稿を書く「記者」と現場を写真に収める「カメラマン」に大別される。

記者は「事前取材」が記事の出来映えを左右する。取材対象に対して、すでに行なったインタビューや会見などから印象に残ったワード、また指導するコーチら周辺の人たちにも取材し、アスリートが自らは語らないような人知れず積み重ねた努力の軌跡も読者に伝えるために原稿に組み込む。「事前取材」でエピソードが集まれば、当日の原稿に盛り込みつつ、結果や状況などを書き足すことで記事の骨組みが出来上がる。

対して、カメラマンに課せられているのは、その場で起きた一瞬を逃すことなく、シャッターを押せていたかどうかの一点、と言ってもいい。記者はあとから話を聞き直すこともできるが、カメラマンは現場で起きた一瞬を撮り直すことはできない。そんな重圧のなかで、常にファンから高い評価を得る写真を撮り続けてきた小海途のカメラマンとしての矜持はどんなところにあるのか。

羽生との出会いは、カメラマンとしての在り方にどのような変化をもたらしたのか。そして、羽生が解き放つ輝きに対して、いかにレンズを向け続けたのか。撮りためた無数の写真から厳選したカットとともに、「神カメラマンがとらえた羽生結弦」に迫りたいと思ったのが、筆者が本書を執筆する動機だった。

筆者がフィギュアスケートを取材するようになったのは、前作の拙著『羽生結弦の肖像——番記者が見た絶対王者の4000日』（山と溪谷社・刊）でも書いたように、産経新聞に在籍していた11年秋からである。

当時の日本のフィギュアスケート取材といえば、まだまだ女子選手が主戦場だった。次第に男子の人気が高まっていくなか、彗星のごとく、羽生が台頭し、男子は「群雄割拠」の時代から「絶対王者」の時代へと変遷していく。この間、一般紙、スポーツ紙を含むマスメディアは活字による闘いを繰り広げていた。氷上のスケーターをいかに表現するか。その主体は活字であり、写真はあくまで「添え物」でしかなかった。

ところが、小海途の登場によって、スポニチの紙面が変貌を遂げていく。そこには、長く縁の下の力持ちとしてスポニチのフィギュア写真を支えた写真部長（当時）の長久保豊の心強いサポートもあった。「読ませて売る」という従来の新聞報道に、「写真で売る」という新基軸をもたらした。産経新聞時代、そんなスポニチの戦略には嫉妬の思いすらあった。掲載された紙面やSNSに上がる小海途の写真は、羽生の透明感や心情を一瞬のワンショットでとらえていた。

小海途とは、現場で会えば、あいさつをする程度の関係だったが、スマートで礼儀正しく、ガツガツしたところは決してない。物静かで周囲の記者やカメラマンと雑談をしている印象がほとんどなかった。小海途は読めない男でもあった。

今回の書籍の企画を考えたときも、彼が首を縦に振ってくれる確証はなかった。しかし、こちらの意図を説明したとき、「とてもありがたいお話です。ぜひ、協力させてください」と快諾してくれた。

小海途が報道カメラマンの道を志してからの軌跡を聞いて、驚いた。彼は決してエリート街道を歩んできたわけではなかった。彼は取材のなかで何度も口にした。

「僕には、カメラマンとしての才能なんて、ありません」

ただ、頑固なほどに周囲のカメラマンとの同化を嫌う。過去に良いとされた写真があれば、別の角度から、その評価を上回る写真を撮ろうという姿勢を貫く。会社の評価ではなく、被写体に対して100％で向き合うことを優先する。組織側の論理で言えば、決して一筋縄ではいかないカメラマンである。

筆者も新聞社に在籍していたからこそ、よくわかる。俗にいう「やっかいな人間」は記者でもカメラマンでも煙たい存在になる。才能がありながら、現場から外れていく人間は何人もいた。時代が違えば、小海途も例外ではなかったかもしれない。

しかし、彼は巡り会った。羽生結弦という時代の寵児でもある絶対王者に――。スポーツとアートが融合するとされるフィギュアスケートの世界で、文字どおりに競技の枠を飛び越えた絶対的な存在へと上り詰めた「孤高のスケーター」が被写体となったとき、従来のフィギュアスケートの報道写真では、太刀打ちできないほどの輝きがそこにはあった。

小海途の思考も、羽生を見て振り切れることができた。

「あれだけのスケーターを前に、幾多のチャレンジを続ける羽生さんを前に、自分が守りに入っていては駄目だ」

自らのリミッターを外し、従来の常識にとらわれない写真、ほかの誰にも撮れない写真を目指し、孤高のカメラマンは腹をくくった。

小海途はどのようにして「定型」を「神の領域」と称される写真へと変えていったのか。

そこには、自らの胸中でも、あるいはスポニチ社内でも、幾多の乗り越えなければならないハードルがあった。その詳細もつまびらかにしている。スポーツ報道に全身全霊をかけたカメラマンの半生をここに描いた。

※文中では登場人物の敬称を略している点をお許しいただきたい。なお、羽生結弦さんの表記に関しては、原則的に敬称略とし、小海途良幹氏らの話し言葉のなかでは競技者時代は「選手」、プロ転向後は「さん」の呼称を付けている。

目次

レンズ越しの羽生結弦
——神カメラマンが見た絶対王者

第2章 葛藤

第3章 抗い

第4章 覚悟

第5章 唯我 191

第6章 慈愛

第7章 深化

カバー写真　小海途良幹（スポーツニッポン新聞社）
スタイリスト　折原美奈子（Mi-knot Inc.）
スタイリング協力　原　孟俊（Schtik Inc.）
ヘアメイク　柿崎友美（キャップ）
デザイン　須賀　稔
校　正　戸羽一郎
編　集　村尾竜哉（山と溪谷社）

第1章

不屈

①虎番時代の2014年ソチ五輪

2014年2月14日。ロシアのソチで、日本フィギュア界に新たな金字塔が打ち立てられた。ソチ五輪フィギュアスケート男子に日本代表として出場した羽生結弦が、日本男子初となる金メダルを獲得した。19歳69日での快挙達成は、フィギュア男子としては史上2番目の若さだった。

羽生はこのシーズン、13年12月に福岡で開催されたグランプリ（GP）ファイナルで世界選手権3連覇中だったパトリック・チャン（カナダ）を上回って初優勝を遂げると、年末の全日本選手権を優勝して五輪代表の座をつかんだ。

ソチ五輪では個人戦の前に団体戦のショートプログラムに出場した。団体戦は10チームで争われ、ソチ五輪から初めて実施される競技で、男女シングル、ペア、アイスダンスの4種目の各国・地域の代表がその国の総合力を競う種目である。

日本男子は羽生のほか、町田樹と髙橋大輔の3選手が代表入りしていたことで、羽生がショート、町田がフリーで出場することとなった。

羽生は男子ショートで、幼少期からあこがれたロシアのエフゲニー・プルシェンコと同じ舞台で戦い、全体トップの97・98点という高得点をマーク。勢いそのままに個人戦のショートでは『パリの散歩道』で爆発的な演技を披露する。ＩＳＵ公認大会で史上初めて3桁に乗せた１０１・45点はもちろん、当時の世界歴代最高得点だった。首位で臨んだフリーはミスがあったものの、他の追い上げを許さずに頂点へと駆け上がった。

11年3月11日、羽生は練習中のリンクで東日本大震災に見舞われ、家族で避難所生活も経験した。それでも、困難に立ち向かってスケートを続けた。

12年3月の世界選手権で初出場ながら銅メダルを獲得して五輪代表候補へと名乗りを上げると、翌シーズンからはカナダ・トロントでブライアン・オーサーに師事。美しく「お手本」と呼ばれる4回転トウループとサルコウ、高さと幅で圧倒するトリプルアクセル（3回転半ジャンプ）を磨き上げた。

◇

14年の冬季五輪の時期、ロシア・ソチから遠く離れたスポニチ大阪本社で、小海途はプロ野球・阪神タイガースを担当するカメラマンとして忙しい日々に追われていた。

スポーツ紙は東京と大阪で発行する紙面が大きく異なる。大阪版の一面は、スポニチに限らず、日刊スポーツ、サンケイスポーツ、デイリースポーツと媒体は違っても、原則としてはどのスポーツ紙でも阪神の記事が一面を飾る。唯一の例外が、巨人を中心に報道するスポーツ報知だ。

自宅配達（宅配）される一般紙に比べ、スポーツ紙は宅配もあるが、駅の売店やコンビニエンスストアの店頭での「即売」も主戦場である。サラリーマン層を中心に、通勤時間帯の慌ただしいときに気になる一面の見出しにつられてサッと手に取る。スポーツ紙の一面は、その日の紙面の「顔」でもある。関西地方であれば、ほとんどの読者が阪神の試合結果や動向に関心を寄せる。

読者の注目を集める阪神担当は記者もカメラマンも「虎番」と呼ばれ、エース級の記者やカメラマンは、一般読者にも名前が知られる存在になる。

小海途もそんな「虎番」の一人だった。日々、阪神のニュースを追い、一面に掲載される写真を狙ってシャッターを押し続けていた。

ソチ五輪で金メダルを獲得した羽生の快挙は、東京を中心に日本中で連日のように情報番組やスポーツニュースで流れ、大フィーバーを起こしていた。しかし、大阪でそこまでの盛り上がりがあった記憶が小海途にはかすかにしかなかった。

「どこか、遠いというか、ほかの世界のことのようにとらえていました」

繰り返すが、虎番は在阪メディアの記者やカメラマンのなかでは、あこがれの存在である。しかし、小海途は「当時の僕は、苦しかったです」と打ち明ける。

阪神の記事で、大物選手に関する独自ダネはもちろん、トレードや進退などのスクープはたちまち一面トップを飾る。そのため、虎番記者の取材合戦も熾烈だ。筆者もかつて、産経新聞の虎番を担当したことがある。このとき、スポーツ紙の若手記者が、ある選手の数行の談話を出稿していなかっただけで、翌朝に虎番キャップから叱責されている姿を目撃したことがある。

阪神ファンだった野球少年が新聞記者にあこがれ、虎番になったのに、水が合わなくて異動を希望する――。そんなことは茶飯事だ。

小海途も入社して間もなく、虎番から外されたことがある。しかし、このときはもう一度、這い上がってきて、社内でも認められる存在へとなりつつあった。

逃げたいのではなかった。ただ、とどまることが我慢ならなかった。だから、苦しかった。

「虎番になれば毎シーズン、阪神に関するさまざまなニュースがあり、大阪では大々的に取り上げられます。一面に写真が載れば、カメラマン冥利にも尽きます。ただ、ずっと虎を撮り続けることが僕には、苦しかったんです。虎を撮り続けることで評価を高めていく同僚のカメラマンに対しては、ものすごくリスペクトがあります。続けることは決して簡単ではありません。

ただ、僕は違う刺激を求めるタイプで、新しい刺激が欲しくなっていました。オリンピックもサッカーのワールドカップ（W杯）も、プロ野球でも阪神以外の球団やメジャーリーグ、ワールド・ベースボール・クラシック（WBC）のような国際大会にもカメラマンとして挑みたかった。最初から希望していた虎番ならもっと高くモチベーションを保てていたかもしれません。ただ、僕自身がカメラマンを目指すと決めたとき、虎番が念頭にあったわけではなかったことも影響したかもしれません」

②野球部で丸刈りを頑なに拒否

小海途は1983年、三重県津市で生まれた。小学校から中学までの6年間はバスケットボールに熱中したスポーツ少年だった。野球好きだった父の影響で、小学校時代はソフトボール部を掛け持ちし、中学時代もバスケの部活を終えると、父に連れられて近くのバッティングセンターへ通っていた。

勉強はできたほうだという。国語と美術、体育が得意科目。文章を書くことも好きだった。ほかの科目も含め、地元の中学ではクラスの上位だった。

高校は、県内有数の進学校である三重県立津高校へ進んだ。このとき、野球をしてほしいという父の期待に応えるかのように高校から硬式野球部に入った。小海途はしかし、わずか1年半で退部することになる。

理由は、その後の小海途のカメラマンとしての矜持にもつながっていくのだが、旧態依然とした雰囲気に馴染めなかったことだった。

進学校の野球部は甲子園とは無縁で、いわゆる弱小校だった。にもかかわらず、練習はほかの学校と変わらなかった。無駄な声出しに辟易し、バッティングセンターに通っていたときのような野球への楽しさも感じなくなっていた。

決定的な出来事が2年春に起きた。上級生の一人が、それまで自由だった髪型にメスを入れた。

「甲子園を目指すなら、丸刈りじゃないとあかんやろ」

声が大きい人の意見に、みんなが従うしかなかった。しかし、小海途は納得がいかなかった。丸刈りにしたら甲子園に行けるのか。短絡的な考えと、同調圧力に抑え込まれる周りの雰囲気に嫌気が差した。気がつけば、部員のなかでただ一人、長髪で部活に顔を出していた。

ある日、丸刈りを主張した先輩と、キャプテンの2人にグラウンド横の部室に呼び出された。「なんで、髪を切らへんのや。この場で丸刈りにしろ」。しかし、力で抑え込もうとされれば、されるほど、頑なに丸刈りを拒否した。話し合いは平行線をたどり、午後11時を回り、校内に残っているのは、丸刈りになっていく部員の様子を見て見ぬふりをしていた監督と、話し合いを続ける3人しかいなくなった。

そんなとき、聞き慣れたトラックのエンジン音がグラウンドに近づいてきた。

「うちの息子を出せ（帰せ）や！」

小海途はすぐにわかった。「オヤジが来た」。左官業の父は曲がったことが大嫌いだった。丸刈りを拒否していることを薄々知っていた父が、帰宅の遅い息子の様子を心配で見に来たのだった。

監督が慌てて職員室からグラウンドに飛び出してきたのがわかった。

結局は、監督が初めて仲裁という形で間に入り、丸刈りは強制ではないことが確認された。ただ、部には居づらくなり、間もなくして退部を選んだ。

野球部をやめた小海途は独自路線を歩んでいく。

野球とは対極ともいえるサッカーに打ち込むことになったのだ。

小中学校時代、バスケや野球に熱中していた小海途だが、実は放課後の一人で過ごす時間の〝相棒〟はサッカーボールだった。

左官業の父、保育士の母はいつも帰りが夜6～7時と遅く、8歳上の姉とは年齢差もあって一緒に遊ぶということはなかった。

母親の教育方針で、自宅にはテレビがなく、テレビゲームもしたことがなく、興味もなかった。「本を読むか、外で遊ぶしかなかったですね。僕は基本、一人が好きで、一人で遊んでいるほうが楽なんです」。カメラマンとしての小海途もつるむことを好まないが、これは生まれつきの性格に由来するものなのだろう。

近所の壁で、野球のボールかサッカーボールで「壁当て」をすることが日課だった。両親が帰宅し、夕飯を食べた後も、「ナイター」と呼んで、高架下の壁に向かった。電灯の明かりを頼りに、遅いときには夜11時くらいまで一人遊びを続けていたという。

「だから、僕はサッカーボールには低学年のころから触れていたんです」

それ以外にも小学1年からほぼ毎日、夜に5キロ以上の道のりを走って持久力をつけた。走るのが好きで、学校の休み時間や放課後も一人でグラウンドを走っていた。

「友達はもちろん、いましたよ。だけど、一人で黙々と何かをこなすことが性に合っていました。小学校のときって、スポーツができると、周りからもリスペクトされるじゃないですか」

実際、小海途は学校でも人気で、生徒会長も務めた。

走り続けた理由がもう一つある。

「異常なほどの負けず嫌いなんです」

小学1年のときに行なわれたマラソン大会で、1位になった。このときはただがむしゃらに走ったら結果がついてきただけだった。しかし、年1回のマラソン大会で、次の年もその次の年も2位以下になるのが嫌で、走り続けた。誰にも1位は渡したくない。6年間、1位を死守した。

バスケを選ばず、野球部に入ったが、その道が閉ざされ、サッカーという選択肢を求めた小海途は、実績のない自分を受け入れてくれるチームを探した。調べていくなかで、三重県の隣の愛知県内に高校年代のクラブチームがあることがわかった。自宅から電車で片道1時間半～2時間かかる。それでも、サッカーができるならと通い続けた。

最初はチームメートからもなめられたという。壁当てで鍛えた自分を「ストリートサッカー育ち」と鼓舞し、持ち味の運動量と足の速さでカバーした。次第に試合で使ってもらえるようになった。ポジションはフォワード。高校3年まで続けた。引退前の最後の試合では、同じ地区の強豪と激突した。大差で敗れたが、チーム唯一の得点は小海途の足から生まれた。「最後に1点、自分で取った」。達成感とともに、大学でもサッカーをしたい気持ちが生まれた。

大学は、早稲田大学人間科学部スポーツ科学科へ進んだ。将来は、選手の体のケアなどを担うトレーナーになりたかったことと、もう一つは、サッカーを大学でも続けたかったからだ。

③入部拒否、内定取り消し…早稲田で相次ぐ挫折

入部の門を叩いた体育会のサッカー部（早稲田大学ア式蹴球部）で、小海途はまたも理不尽な出来事で挫折を味わうことになる。

Jリーガーも輩出する名門には、「スポーツ推薦組」がいる。小海途を含むそのほかの新入生はセレクションで合格する必要があった。

選考方法は、ひたすら走り続けることだった。持久走や、グラウンド横の公園でクロスカントリー走などが実施され、規定のタイム内にゴールできなければ不合格となる。小海途にとっては、願ってもないチャンスだった。

推薦組ではなくても、早稲田の体育会でサッカーをしようという新入生に部活経験のない小海途が技術で勝負するのは分が悪かった。しかし、持久力なら小学校時代からの〝貯金〟もある。周囲には、強豪校のレギュラーだった選手や、Jリーグクラブのユースでプレーした経験のある選手たちもいた。全部で30人ほどが挑んだセレクションだったが、次々と有望とみられた選手たちが脱落していく。そんななか、小海途はサバイバルレースを勝ち残り、最終的には10人に満たない程度の新入生だけが入部を認められた。

「素人でも受け入れてくれるんだ」

早稲田のオープンな校風がますます気に入った。ところが、入部届の用紙を受け取った小海途は困った。サッカーの経歴を記入する欄に書くことがなかったからだ。仕方なく、サッカー以外のスポーツ歴などを書いて提出した。すると、キャプテンから呼び出された。

「きみ、サッカー部に所属していなかったの？」

「はい」

「うちの部の歴史のなかで、そういう人を採ってきたことがないので、入部させることはできない」

小海途は大きなショックを受けた。

「いまとなっては、それでも入れてください、必死に頑張りますって頭を下げたら、入部が認められたかもしれません。だけど、そのときは『なんだ、早稲田もそんなもんか』って、失望したというか、受け入れてしまいました」

小海途は人間科学部の学生が多く所属しているサッカーサークルに入った。体育会ではなく、あくまでサッカーを楽しくやる集まりだった。新入生歓迎コンパ、夏合宿やクリスマスの時期、卒業時期の追い出しコンパなど、飲み会がサークル活動の柱の一つにもなっていた。集団が苦手な小海途の姿はサークルの中心にはなく、ただ漠然と活動に参加する存在となった。

一方、トレーナーの道へ進むための準備は順調で、国内の有名なジムへインターンシップ（就業体験）にも出向いた。通信課程で学ぶ「ｅスクール」の授業では、学生の立場でサポートする「教育コーチ」のアルバイトも経験した。

この時期、将来のスポーツカメラマンになるための〝接点〟がいくつか生まれている。たとえば、授業で担当した学生の一人に、フィギュアスケート女子で世界のトップクラスで活躍していた中野友加里さんがいた。

インターン先では、撮影の仕事で訪れていた出版大手、講談社のカメラマンと巡り会った。研修初日、小海途は10キロのバーベルのプレートを誤って自分の足に落として小指を骨折してしまう。トレーナーのインターンに来たのに、自分がリハビリをする羽目に。落ち込む小海途に笑いながら声をかけてくれた人だった。

大学4年になった小海途はスポーツトレーナーへの道を模索しつつ、就職活動を本格化させる。そんななかで製薬会社から内定をもらった。その後、インターン先のジムからトレーナーとしての採用も内々定の連絡があった。将来の道が開けた小海途は初心を大事にトレーナーへの道を目指すため、製薬会社に内定辞退を伝えた。

就職を見据えた4年の夏は、インターンでトレーナーの研修を受けることになった。内定をもらったのは東京から遠く離れ、地元の三重とも距離がある地方拠点のジムだった。トレーナーとして働くことや、地方での生活への不安が一気に押し寄せた時期でもあった。

「僕自身、少しナーバスになっていました」

そんな様子が伝わったのか、ショッキングな出来事に見舞われる。卒業を間近に控えた12月、ジムから内定取り消しのメールが届いた。明確な理由は書かれていなかったが、目指していたトレーナーへの就職が流れたことは確かだった。そして、卒業後の進路も未定になった。

当時はまだ「第2新卒」などという言葉が定着する以前で、就職は既卒者よりも卒業見込みの学生が有利とされていた。小海途もこのまま卒業するわけにはいかず、大学に籍を残すために留年を選択せざるを得なくなった。

④スポーツカメラマンの道へ

将来への歩みが振り出しに戻り、予期せぬ形で「大学5年」になることが決まった小海途は、就職活動だけに没頭せず、突拍子もないことを考える。

余分にできた1年の学生生活。小海途のサッカー熱が再び高まってきた。

「体育会でサッカーができず、サークルでも中心にはいられなかった。自分のなかで、サッカーもスポーツもやりきれていないというモヤモヤした感情がずっとありました。せっかく、大学生活が1年延びたのだから、ただ就職活動を繰り返すのではなく、これから就職して、社会人になっていくにあたって、最後にやりきったという達成感を得たいと思ったんです」

小海途はあるチームに目をつけていた。それが、沖縄にあるビーチサッカーで日本一の経験があるプロチームだった。

そこでなんとかプレーしたい。ツテもないなかでチームに連絡を入れた。「来るだけ、来てみればいいよ」。そんな言葉に喜び、沖縄に渡った。

サッカーですら素人同然で、ビーチサッカーはまったくの未経験だった。砂に足を取られ、土のグラウンドとは違う難しさがあった。最初はボール拾いから始まり、少しずつ練習で成長を認めてもらえるようになった。公式戦の出場機会はなかったが、最後に小海途のために練習試合を組んでくれた。高校時代と同じフォワードのような攻撃的ポジションに入り、必死に砂浜を駆けた。

「才能、やっぱりなかったですね（笑）。だけど、可能性にかけて挑戦ができました。未練がないとは言えないですけど、納得してサッカーを終えることができました」

そんな小海途は2度目の就職活動を大学4年の12月から模索していた。もう一度、トレーナーを目指すことはなかった。取り消された失望感もあり、モチベーションが向かなかったからだ。それでも、スポーツに関わりたいと思い、どんな世界があるかを調べていた。なかなか進路が決まらない時期、インターン先で知り合った講談社のカメラマンに悩みを打ち明けた。

「カメラには興味ないの？」

これまでまったく頭に思い浮かばなかった世界だったが、もともと美術が得意科目でアートが好きだった小海途は少し興味が湧いた。

すると、カメラマンはフィルムとデジタルのカメラを一台ずつプレゼントしてくれた。レンズも遠近用を合わせて5～6本入っていた。

「出世払いでいいよ。やってみたら」

小海途はカメラを手にすぐに旅に出た。気の向くままに国内外を巡り、シャッターを押し続けた。とくに子どもたちの写真をレンズに収めたほか、チリのイースター島のモアイ像や、南米三大祭りとして知られるペルーのインティライミなどを撮影した。このとき、純粋にカメラで写真を撮る楽しさを体感した。レンズを向けるとカメラが媒介となり、子どもたちとコミュニケーションが生まれた。コミュニケーションを深めた後では写真そのものも変化する。さらには、撮影した作品として表現できる喜びと、次を想定してレンズを向けていくカメラワークが、スポーツをしているような感覚になることができた。

いまとなっては、カメラマンとしての根源であり、原風景にもなっている。カメラの世界にひかれた小海途は、スポーツとカメラを結びつけたスポーツカメラマンを目指したいと思うようになった。

一般紙と呼ばれる大手新聞社のカメラマンは美術系大学出身だったり、大学でも写真部などで活動をしている人が多いとされる。こうした人たちに経験ではかなわないと思った。そんなとき、相談した講談社のカメラマンから、「スポーツ新聞なら経験を問わないんじゃないかな」とアドバイスをもらった。

スポーツをカメラで撮れる——。スポーツ新聞はむしろ、願ったり叶ったりの職場だった。父親が愛読していた日刊スポーツと、駅の売店でよく目にしたスポーツニッポン。頭に浮かんだ2社のエントリーシートを取り寄せ、二度目の就職活動に挑むことになった。

やれることは全部やろうと思った。

中野友加里さんに連絡を取り、フィギュアスケートの練習風景をカメラで撮らせてもらった。中野さんは歓迎してくれて、フォトブックを作った。同じリンクで練習していた、同じく早稲田出身の村主章枝さんも写真を撮らせてくれた。時は2006年。村主さんはトリノ五輪で4位に入り、中野さんもトップスケーターとして活躍していた時期だった。

「いま見返すと、なんの特徴もない練習風景の写真で、めちゃくちゃ恥ずかしいです。でも、とても貴重な経験で、協力してくれたお二人には心から感謝しています」

スポーツ新聞の就職試験は、総合職採用で、記者、カメラマン、人事や総務などのバックオフィスも含めた一括の採用になっていた。小海途はスポーツ報道のカメラマン志望を前面に出し、スポニチから内定を勝ち取ることができた。日刊スポーツは補欠採用だった。このときの合否によっては、フィギュアスケートの写真報道の勢力図も大きく変わっていたかもしれない。

⑤人と違う写真を撮りたい

「人とは違う写真を撮りたいと思ってカメラマンになりました」

小海途の狙いは、最初から「独自路線」だった。

スポーツ報道のカメラマンの世界には、この世界で評価される「定型」の写真が存在する。

たとえば、フィギュアスケートの写真でいえば、かつては男子選手ならジャンプを跳んでいる瞬間、女子選手ならスパイラルのシーンだった。

スケーターからすれば、ジャンプの姿勢は美しくても、回転しているときの表情は撮ってほしくないカットでもある。

こうした写真は、読者からの批判もあって少なくなっているが、ほかにも、たとえばスケート靴が映っていること、手の動きによって踊っていることがわかること、などが「必須要素」として求められてきた。

極論を言えば、どんなにいい表情が撮れたとしても、翌朝の紙面に使う写真を社内で選ぶ立場にあるデスクから、「これじゃ、どの競技かわからねえだろ」などと厳しい口調の電話がかかってくることもある。

もちろん、スポーツ報道ならではの理屈も存在する。テレビが映像を使って競技の結果を伝えるのに対し、新聞は活字の記事と1枚ないし2枚の写真で伝える必要がある。

そもそも新聞に目を通さなくなる人が多いと指摘されるなか、新聞紙面を見てくれた人に、なんのスポーツの記事かを伝えるための入り口が「見出し」と「写真」である。そこで関心がある読者が初めて記事に目を通してくれる。

ゆえに、見出しはインパクトが欠かせず、写真には一瞬でどのスポーツの記事かがわかるカットが求められる。「わかりやすく、シンプルに」。スポーツ紙のカメラマンは、こうした傾向の写真をどんな現場でもミスなく撮ることで評価されてきた。長きにわたって蓄積されたスポーツ報道写真の手本として、このことを先輩から教わり、自らが実践し、後輩にも伝えてきた。

フィギュアスケートを撮るようになった小海途は言う。

「昔から受け継がれてきたスポーツ報道の写真には、幅広い読者層に伝えるという役割が存在しています。

スポーツ新聞は、スポーツを中心に報道する媒体ですが、それぞれの競技によってはそこまで深くないこともある。プロ野球なら長い年月を積み重ねて、玄人受けする原稿も好まれますが、フィギュアスケートのような一般スポーツを扱うときには、『スポーツの総合紙』として広く、浅く、みんながわかりやすい紙面にしていく必要があります。

だけど、それは、スポーツ報道の記事や写真がアップデートできていないということにもなると思います。『フィギュアだから、ジャンプだよね、滑っている写真がいいよね、スケート靴も含めた全身が映っているよね』ってことですよね。

その『定型』がスタンダードとされていて、誰も変化を求めなかったんだと思います」

小海途のよき理解者でもある当時の写真部長だった長久保豊が述懐する。

「僕がフィギュアスケートを現場で撮るようになったのは、98年の長野オリンピックの少し前からでした。

当時はデジタルカメラなんてなくて、みんな36枚撮りのフィルムだったんです。演技中にフィルムを交換する時間なんてないから、みんな36枚で何を撮るかという勝負でした。演技冒頭のシーンで5～6枚撮って、滑り始めにスケーティングのシーンを押さえて、最後の喜んでいるシーンにも5～6枚は残しておかないといけない。すると、実際の演技を撮影できる枚数は15枚程度なんです。

当時の男子は4回転ジャンプも跳べた本田武史さんでしょ。だから、男子はジャンプがテーマになって、女子は見栄えがきれいなスパイラルっていうふうになっていたんだと思います。

当時はね、失敗して転倒しているシーンが絵になるとかで、よくそういうシーンが紙面にも載りました。写真も、小海途が『定型』っていう写真ですね。縦で全身が写っているもので、それが良しとされていました。

インターネットもまだ普及していなくて、SNSなんてなかったから、ファンや読者の声が届くこともなかったんです」

その後、ジャンプの写真は選手からも不評で別のカットを使うようになったり、失敗したシーンよりも選手が喜んでいる表情もとらえた写真が使われたりするようになっていく。ただ、劇的な変化には至らなかった。

そんななかで登場したのが、羽生結弦だった。

「女子のスポーツ」といわれたフィギュアにおいて、男子スケーターの地位を確立させ、高難度の4回転ジャンプも卓越した表現力も、そしてオフアイスの表情すらも「絵」になるスケーターとして、日本はおろか、北米やヨーロッパでも高い評価を得て、さらには新たなファン層を中国や台湾、韓国、タイなどアジアで生み出した。

そして、羽生の魅力を追い求めたファン層が、スポーツ紙にも目を向けるようになった。部数減に見舞われ、新たな読者層の掘り起こしなどは、会社の上層部の号令だけで現実味がないとされた新聞業界にとって、願ってもない状況を迎えた。

こうして、従来の報道写真とは一線を画す小海途の作品が支持されていくことになる。そのことは小海途自身も認める。

「僕は時代に恵まれました。大衆受けする写真は熱を生まないと思っていたし、これだけ情報があふれている時代に、広く浅くっていう報道は興味を持ってもらえないと思っています。みんなにわかってもらいやすい写真というのは、実のところ、誰の心にも届かないんじゃないか。羽生さんの魅力を追い求めた本物のファンがスポーツ紙を買い求めてくれるようになったとき、フィギュアのコア層をターゲットにした写真を出せないなら、スポーツ紙が生き延びていけないと思います。

だけど、本来なら、僕のような若輩者がそんなことを言っても、会社のなかで誰も認めてくれないですよ。そこに羽生さんという稀代のスケーターが被写体としていて、その写真はこれまでの『定型』では収めることができず、ファンもこれまでとは違う写真を求めてくれていた。だからこそ、異端扱いされてもおかしくない僕の考えが受け入れてもらえたんだと思います」

実際、羽生が出演する競技やアイスショーなどの翌朝のスポーツ紙について、小海途は数字への影響があると認める。

たとえば、アイスショーが仙台で開催されれば、JR仙台駅構内の売店や周辺のコンビニエンスストアには、スポーツ紙が普段には見られない平積みで置かれる。

小海途はコアなファン層にターゲットを絞り、深く鋭角に刺さる写真を念頭にシャッターを押した。

「スポーツ紙を年に数回でも手に取ってくれる新しい購読者がいるということは、とても励みになります。羽生さんがショーを行なった会場周辺で、スポニチを手にした観客を目にするとうれしくて、モチベーションも上がります。僕の写真が心に届いているという実感が湧く瞬間でもあります」

もちろん、若者の活字離れは深刻で、羽生の記事が紙面を飾ったときに一時的に売り上げが伸びても、新聞の発行部数の右肩下がりの傾向には歯止めがかかるわけではない。

こうしたなか、新聞各社も新たなコンテンツ事業に目を向ける。

一つがインターネットサイトの記事や写真の充実である。そして、神カメラマンを擁するスポニチが力を入れるのが、羽生結弦の写真集だ。

紙面に掲載する写真だけではなく、被写体に対する感受性豊かな写真が、新たな購読者層を引き込んだ。

ここに至る道のりは、決して平坦ではなかった。「定型」にとらわれず、斬新という評価をもらうことのない、スポーツ報道のなかでは「異質」でしかなかった小海途の写真が脚光を浴びるまでには、入社から10年以上の年月を要することになった。

第2章

葛藤

①整理部で苦悩の1年半を経て、写真部へ配属

2007年4月。スポニチに採用された小海途の初任地は大阪だった。

大阪のキタ・梅田に位置するスポニチの大阪本社で発行される「大阪のスポニチ」はプロ野球阪神タイガースが1面から紙面の中心を飾り、プロサッカー、Jリーグのガンバ大阪やセレッソ大阪などのサッカー記事、さらには春夏の高校野球など、関西ネタを中心に、東京本社が発行する紙面とは別構成の紙面がつくられている。

小海途が最初に配属されたのは、整理部だった。現場の記者が取材・執筆して出稿してきた原稿にわかりやすい見出しをつけ、記事や写真をレイアウトする。見出しの字体を工夫したり、データやグラフィックを使って、見栄えも考える。整理記者のセンスは「見出し」と「紙面構成」といわれる所以である。

最初の読者として原稿に目を通し、何がニュースか、記者が何を伝えたいのかを読み解き、見出しを考える。スポーツ紙は、「即売」の「生命線」である1面の記事と写真、それをわかりやすく伝えた見出しで、その日の売上部数が変わる。

「新聞は紙を買うのではない。情報を買う。だから、1日経ってしまえば、誰もが知っている情報が載っている新聞紙はゴミと同じ」ともいわれ、売れ残りを出すわけにはいかない。だからこそ、センス抜群の1面の整理担当記者は、スポーツ紙の花形といわれる。

もちろん、見出しだけのセンスでは通用しない。日々、現場から出稿される記事の大小を決め、さらに扱いは小さくても載せる必要があるニュースは、紙面に組み込まなければならない。すべての記事を掲載することはできないが、だからといって無理やりにでも詰め込めば見栄えが悪く、読者が手に取ろうとしない。

インターネット検索のように、読者が記事を選ぶわけではなく、新聞社が取捨選択をして掲載すべきと判断した記事だけが紙面に載り、かつ記事に大小をつけてニュースの重要性を伝える。整理担当記者は、写真や見出しの大きさなども頭の中で考えつつ、紙面のレイアウトをつくる。

翌朝の紙面なので悠長に考えている余裕もない。しかも、印刷に回すギリギリに入ってきたニュースも突っ込んで掲載しないといけない。締め切り間際の整理部は、「早く（原稿を）差し替えろ！」などと、ときに怒号も飛び交うほど熾烈である。

社外の取材現場に出る記者も整理部を経験するメリットは大きいといわれる。整理を経験した記者は「どんな見出しが立つか」を考えながら記事を書くことができるからだ。

そんな整理部の現場で、小海途は埋没しつつあった。

本社に近い大阪府吹田市で一人暮らしを始めた小海途は、大阪本社の編集局内にある職場へ午後2時半に出社。当時のスポニチが発行していた夕刊紙面から紙面づくりのイロハを身につけた。

最初に経験する仕事は、1面や終面（最後のページ）のような読者の目にとまりやすい紙面ではなく、新聞を開いていく中にある競馬などを扱う紙面担当だった。

朝刊の締め切り間際まで試合がナイターで行なわれることが多い阪神などの紙面に比べ、地味な紙面になる。夕刊ゆえに部数も少ない。「若手の登竜門」と呼ばれ、締め切り時間にも余裕がある紙面でセンスがいい見出しを考えたり、写真や見出しの大きさなどを念頭に紙面のレイアウトづくりをそつなくこなしていくと、阪神ネタを扱う紙面も任されていくのだが、小海途はレイアウト構成を考えるのが苦手で壁にぶつかってしまっていた。

印刷に回すために整理部の手から離れることを「降版」「降ろす」などという。

「降版しますね」

「2面、降ろします」

ほかの面担当が次々と整理部のデスクや部長に声をかけて作業を終えていくなか、小海途が受け持つ紙面はレイアウトが白く残ったままということが幾度となくあった。

午後6時には降版しないといけない。締め切り間際には、いつもレイアウト作業をこなす自分のパソコン画面の周りにデスクたちが集まってきて、組み立てを指示する。それでも、降版時間をオーバーすることもあり、よく怒られた。

同期の配属は3人だったが、ほかの2人は要領よく作業をこなし、本版と呼ばれる朝刊担当へと組み込まれていった。「僕だけ、まったく上達できず、つらく、苦しい日々でした」。夕刊を降ろすと、今度は朝刊用の作業の手伝いなどをこなす日々が続いた。

整理担当としてのセンスのなさを痛感させられた小海途は「新聞社での仕事は向いていないのではないか」と悩み、「正直、やめようかと気持ちが傾いたこともあります」と打ち明ける。

唯一の気晴らしとなる休日、小海途は近所の坂道へ行ってダッシュをしたりして汗を流していた。

「あのまま、ビーチサッカーを続けていたらどうなっていただろうって、ふと考えたりしました。当時の自分は、そんなことを考えることで、逃げ道をつくろうとしていたんだと思います。現実的ではないですよね。整理部には1年半在籍しましたが、途中からは、『ここから抜け出すにはどうしたらいいか』を本気で考えるようになっていきました」

自らがやりがいを持てる仕事は一つしかない。好きなカメラマンとして配属されることだった。

そのために、時間を見つけて通ったのが、知人が主催しているバレエ教室だった。練習風景や発表会の撮影を頼まれ、趣味としてカメラのレンズを向けた。

バレエの写真を撮り始めて、気づいたことがある。

「定型」と呼ばれる写真が存在していることだった。

バレリーナたちは、長らくバレエの世界に存在している伝統的な写真を好んだ。アングルでいえば、正面からのカットが「定型」だった。

知人からは自由に撮っていいと言ってもらえた。小海途はもちろん、正面からの写真は押さえた。その上で、アングルを変えたらどんな写真になるかを考えた。

舞台袖や裏から撮ったり、同じ正面でも高さを変えたりした。「定型」にこだわらなければ、どんな写真が撮れるのか。すると、従来のイメージとは異なるカットは好評だった。アングルを工夫するだけで、写真の全体像もガラリと変わった。

小海途はこのときのカメラワークを「原点」と呼んでいる。知人やバレリーナから感謝され、撮影に対する報酬も手にした。写真を撮影して初めてお金をもらうことができた。

そんな努力を知ってか、知らずか、２００８年10月に辞令が出た。配属先は大阪本社の写真部。念願がかなった。スポーツ報道カメラマンとしての人生が幕を開けた。

②虎番カメラマンの洗礼

この年、阪神タイガースは破竹の快進撃で開幕から首位を独走していたが、終盤に巨人の猛追を食らった。最大13ゲーム差があったが、シーズン終盤にひっくり返された。10月10日に横浜で開催された試合に敗れ、優勝を逃すと、指揮を執っていた監督の岡田彰布は責任を取って辞意を固めた。

小海途がスポニチの大阪本社でカメラマンになったのは、まさにこの時期だった。当然のごとく、阪神が仕事の中心となり、小海途も阪神担当の「虎番」の一員へと組み込まれていく。

在阪メディアが岡田の動向に注目するなか、小海途の携帯電話に会社から連絡が入った。

「新大阪駅へ行ってくれ」

翌11日、横浜の遠征から戻ってきた岡田の表情をとらえることが任務だった。

在阪スポーツ紙の1面は「勝っても、負けても阪神」といわれている。監督の辞意となれば、その写真は間違いなく1面で使われる。

大事な役割を任された小海途は配属間もない時期で、右も左もわからないままに岡田の表情をカメラに収めた。手持ちのＰＣから写真を送信して会社に戻ると、デスクから叱責された。

「監督が辞意を表明した直後の写真には、こういうふうに撮るっていう決まりがあるんや。頭にたたき込んでおけ」

その後も、過去の新聞スクラップでだいたいは理解していたつもりだったが、選手の自主トレや契約更改などで撮影した写真は、デスクが思い描くようなカットにはなっていなかった。

「スポーツ報道の撮影現場には、定型があるんや」

ようやくかなったカメラマンの現場で、「定型」という枠組みに苦しめられた。

痛恨だったのは、新監督が真弓明信になって迎えた08年秋のドラフト会議だった。阪神の1位指名選手は1面で扱うのが、当然の流れだった。

スポーツ紙各社はドラフト直前、どの記者とカメラマンがどの選手の指名現場に行くかを打ち合わせる。ドラフト指名を受けた選手は在籍する高校や大学、所属先企業などで記者会見を行なうからだ。

阪神の1位候補には、各社のアマチュア担当や虎番記者が徹底マークし、原稿を用意している。カメラマンもエース級を会見場に投入する。小海途が配置されたのは、スポニチが1位指名はないと踏んでいた大学生の選手だった。

しかし、運命が巡ってきた。阪神は最初の1位指名選手が他球団と重複して抽選で外れた。次に指名した選手も重複し、抽選の結果、またも外れた。「外れ、外れ1位」は、阪神しか残っておらず、誰を指名しても独占交渉権が獲得できた。

そこで阪神が指名した選手の名前を聞いて、いちばん驚いたのは小海途だろう。

阪神の1位指名は、小海途が配置されていた大学の選手だった。

「小海途で大丈夫か」

スポニチの社内もざわついたという。

小海途は気楽な気持ちで会見場におり、ドラフト指名の「定型」も完全には理解できていなかった。

1位指名選手を後輩たちがやぐらを組むようにして担ぎ上げる。いちばん前で担いでいる学生に、別の社のカメラマンが新監督である真弓のお面をつけさせた。こうした手法は、ドラフト会場での写真の「定型」であり、指揮官の顔が写ることで、阪神の1位ということがひと目でわかるようになる。

小海途は痛恨のミスをした。

笑顔で万歳をしている1位指名選手の表情を押さえたものの、新監督のお面は写っていなかった。各社が一斉にシャッターを押している状況ゆえに、1枚くらい撮影できていそうなものだが、1位指名選手の撮影という緊張と動揺でお面にまで意識が向かなかったという。

写真を送信すると、すぐに会社から電話がかかってきた。

「この写真の下部分はないのか」

「真弓さんのお面をかぶってるんじゃないのか」

インターネットで他社の写真をチェックしたデスクから怒りの電話だった。

記事と同じで、自社だけが撮影に成功した写真は〝特ダネ〟としてカメラマンの世界でも高く評価される。一方、自社だけが取り逃した写真は〝特オチ〟と呼ばれ、厳しい叱責が待っている。

翌朝の紙面では、その後に行なわれた胴上げの写真を1面で掲載したが、「真弓のお面」の〝特落ち〟は、会社に戻ってからも散々、怒られた。

しかし、スポニチのデスクは翌日にチャンスをくれた。1位指名選手が練習試合で登板するため、各社が取材に行く。このときのカメラマンに小海途を指名してくれたのだ。

小海途はマウンドで投げている「定型」の写真と、少し表情を崩した柔らかい写真もレンズでとらえることができた。各社も同じような場面でシャッターを押していた。

「定型」が頭に入っている他社のカメラマンは及第点の写真を撮れたことで満足そうに帰途についた。しかし、小海途はもう1カット、狙っている写真があった。そこで、ひとり現場に残った。

じつはドラフト会議前の試合で、この選手の帽子のツバに「日本一」と書かれていることに気づいていた。

ほかのカメラマンがいない状況を確認し、思いきって選手に声をかけた。

「写真を撮らせてもらえないか」

選手は快諾してくれた。

小海途は帽子のツバの「日本一」が見える角度に低くしゃがみ込み、キャッチボールをしている様子をカメラに収めた。

手応えがあった。写真を会社に送ると、デスクから電話がかかってきた。

「いい写真が撮れたな」

小海途は配属後、初めて充実感を得ることができた。

そして、考えた。

「定型じゃなくても評価してもらえる写真はある。僕はこの路線で勝負してみよう」

しかし、独自路線を狙うスタイルは、うまくはまらないときのリスクが大きかった。

現場に足を運び、自分なりのポジションとアングルから撮影しても〝ハマらない〟日々が積み重なっていく。「定型」の写真を押さえておけばいいものを、それもやっていなかった。言われた写真は撮れない、狙った写真も撮れていない……。先輩からも「もう、おまえには教えたくない」と突き放された。

会社からも使いづらいカメラマンという烙印を押されつつあった。

それでも、小海途は頑なにスタイルを変えなかった。

「意地になっていたところもあったんでしょうね。根が負けず嫌いですから、失敗して人に指摘されて、持論を曲げるということができないんだと思います。

スポーツ報道のカメラマンにしてもらったのだから、レンズの扱いに慣れて、セオリーとか定型の写真のカットを頭に入れて現場に行けば、大きな失敗はしないはずです。それなのに、僕は技術もないくせに、志だけが高い偏屈なカメラマンでしたね。

でも、どこかで『いまに見てろよ』というか、自分だけしか撮れない写真を狙ってやるんだという思考を持ち続けて現場に向かっていました」

カメラマンに配属されて1年強の時間が過ぎたころ、小海途は虎番を外され、競馬担当を言い渡された。

競馬もスポーツ紙では売れるコンテンツの一つで注目度は高い。しかし、在阪メディアにおいて、若手カメラマンが虎番を外れて競馬担当になるというのは、決して栄転とは言えなかった。

「ショックでした」

小海途は失意のなか、滋賀県栗東市にある日本中央競馬会の施設「栗東トレーニング・センター」へ通う日々を過ごすことになった。

③2度目の虎番を経て、いざ東京へ

在阪メディアの競馬担当が足繁く通う「栗東トレセン」は、多くの競走馬を収容し、トラック型の調教コースなども備わる競馬の一大取材拠点となっている。「阪神至上主義」の在阪メディアにあって、競馬担当はどこか和やかな雰囲気も漂う。虎番を外され、失意のなかで栗東へ通うことになった小海途を快く迎え入れてくれたのは、他紙のベテランカメラマンだった。

馬を相手にする取材現場にも、さまざまな独特のルールが存在する。馬を驚かせないために、馬の後ろには立たない、急に動かない、馬にストレスをかけないなど——。栗東で取材する記者やカメラマンはいわば、一心同体の仲間でもある。そんな〝ムラ社会〟で、いちばん若かった新米の小海途に、栗東のなかに存在する暗黙のルールなども、このカメラマンが細かく教えてくれた。

カメラマンとしての腕も確かだった。馬を撮影しつつ、四季折々の栗東の季節の移ろいが映り込む写真には、絵心が感じられた。

押しつけられるような物言いが苦手な小海途に対し、この先輩カメラマンは多くを語ることなく、それでもさまざま取材現場に誘い出してくれた。なにより、物腰は柔らかいが、仕事に対しては気概を持っていた。

彼が撮る写真は、小海途も惚れ惚れするカットが多かったが、そのどれもが虎番時代に押しつけられた「定型」とは違い、オリジナリティにあふれていた。

もちろん、競馬のスポーツ紙の写真にも「定型」は存在する。たとえば、調教時の様子など、基本は馬が走っているカットだ。

しかし、この先輩カメラマンは、そこにはこだわっていないように見えた。写真からは馬の毛並みが輝いて写り、レンズに取り込まれる光の量である「露出」にもこだわっていた。

どうすれば、馬がきれいに見えるか。馬が走っていなくても、歩いているシーンでも、ただ立っているだけでも、美しい馬の写真は紙面でも映える。小海途にとって、手本にしたいと思えたカメラマンだった。

実際、小海途が光の調節や背景などにこだわって撮影した写真は、「定型」の走っているシーンではなくても、スポニチ社内で受け入れられた。先輩カメラマンに刺激をもらいつつ、撮影した写真によって次第に社内での信頼を取り戻していった。

そして、2012年1月、小海途は再び虎番へと呼び戻された。

2度目の虎番になって、心を入れ替えた。

「最初のときの自分はあまりに無謀でした。なぜ、スポーツ写真に『定型』があるのか。それが良いか悪いかを判断する前に、まずは『定型』も理解しないといけないと思いました。実際、『定型』の写真は、決して簡単に撮れるわけではありません。技術も経験も必要で、先輩たちが脈々と受け継いできた伝統があります。僕は最初、それをできもせずに否定していました。それは違うと思いました。とんがっている自分は嫌いじゃないですけど、やることをやった上で、人と違う写真を撮れるカメラマンになってやろうと思いました。そのための実力をつけるために、2度目の虎番では徹底して『定型』の写真を撮り続けました」

虎番のカメラマンはチームで動く。球場のバックネット裏、一塁、三塁、センター後方の4つのポジションに分かれて、それぞれがシャッターを押して会心のカットを狙う。

小海途は「定型」を撮るなかで、会社でも一定の評価を得ていくことになる。そこで気持ちに余裕が生まれる。遊び心も手伝って、「定型」から離れた写真も、出稿する写真のなかに潜り込ませるようになっていく。その写真が次第に増えつつあった。

虎番復帰から約1年半が経過した13年6月1日。勝負に打って出ようと決めた瞬間が訪れた。

この日、小海途はセンター後方の撮影ポジションからレンズを向けていた。

センター後方のカメラマンの最大の役割は、望遠レンズで打者を撮影することである。打球にレンズを向けるのではなく、打者のほうを絶えず追いかけてレンズを向け続けることがミッションだ。センターの撮影場所からは、打者を常にとらえることができる。センター後方からの撮影があるという前提で、ほかの3つのポジションのカメラマンは独自の動きができる。

あるとき、相手チームの打者が放った鋭い打球が二塁ベースとショートの間に飛んだ。小海途が求められるのは、打者が打ったシーンからその後に走っていく様子を撮り続けることだった。

しかし、打った瞬間をカメラに収めた小海途はすぐさま、レンズのピントを打球方向へ向けた。ショートを守っていた阪神の鳥谷敬が横っ跳びで捕球した。躍動感にあふれた鳥谷のガッツあるプレーに、カメラのピントがばっちりはまった。

本当はルール違反だった。もしも、打者が走っている間に転んでケガをしたりしたら、その瞬間をスポニチは押さえられていないことになる。しかし、多少のリスクを冒してでも、この写真を狙ったのには、事前に何度もこの瞬間を予測してカメラワークを練習していたからだった。

「出すならいましかない」

小海途は腹を決め、「定型」の枠を飛び出した。センター方向のカメラがショートの横っ跳びの瞬間をとらえた写真は、社内のベテランカメラマンたちにも記憶がなかった。

会心の一枚は、翌朝の紙面で2~3面の見開きで使われた。デスクからも「ついにやったな」と認められた。

「ひとつ、実績をつくると、次を狙いやすくなりますね。僕の狙う写真も受け入れられやすくなります。前は結果も出していないのに、肩肘を張っていたんだと思います」

14年は夢中で阪神タイガースを追いかけた。虎番のカメラマンとして「定型」を落とすことなく、こだわりの写真もいくつか掲載されるようになった。

この年の2月には、ソチ五輪が開催されている。

プロ野球開幕の約2ヶ月前、羽生結弦が日本フィギュアの男子として初の金メダルを獲得したことを、小海途は新聞紙面で目にした程度で、どこか遠い世界のニュースととらえていた。

ただ、ソチの現場で活躍をしていたのは、同じ年代のカメラマンたちだった。羨ましい思いと、「自分には無縁だ」と目の前の阪神と向き合おうとする思いが交錯していた。

大阪でカメラマンを続ける以上、虎番は実力が認められている証でもあった。

しかし、オフの契約更改や自主トレ、春季キャンプから始まって、オープン戦、レギュラーシーズン、勝ち上がればポストシーズンへと続くプロ野球のルーティンに、次第に刺激を失っていたのも事実だった。

「ずっと、虎を撮り続けていくカメラマンはすごいと思います。でも、僕は違う刺激を絶えず求めるタイプです。だから、ずっと虎を撮り続けることが苦しくなってきました。入社したときに、虎番を志す記者やカメラマンはいます。でも、僕はそうではなかった」

ほかの世界を見てみたい。いつしか、虎番という〝ムラ社会〟が窮屈に感じるようになってきた。

「大阪にいたら、オリンピックやサッカーのワールドカップの現場に行けるチャンスは少ないと思いました。だから、東京に行きたい、東京で勝負したいとの思いが強くなってきました」

異動希望には、東京と書き続けてきた。しかし、事態はなかなか動かない。15年5月、上司にあらためて「東京へ行きたい」と伝えた。虎番で実績を積み重ねてきた小海途の思いにようやく会社も応えた。同年10月1日付の定例人事で、ついに希望がかなった。

④リオ五輪の内勤を経て、平昌五輪の担当へ

東京本社では、最初は担当を持たず、人手が足りない現場を任される「遊軍」と呼ばれるグループに入った。

じつは15年の大晦日、羽生結弦を偶然にも撮影する機会が初めて訪れた。年の瀬のNHK紅白歌合戦は、若手カメラマンが撮影に行くのが慣例だった。小海途はこのときの担当で、東京・NHKホールに足を運ぶと、ゲスト審査員として袴姿の羽生が出演していた。

「この人が、若きオリンピックチャンピオンなんだ」

小海途は尊敬の眼差しでレンズを向けたが、のちに羽生が自らのカメラマン人生を大きく好転させてくれることになるとは、このときはまだ知る由もなかった。

スポーツ紙の担当や配置は通常、その年の1月で変わる。

小海途は16年1月までの3ヶ月、遊軍記者として現場を回った。阪神だけにフォーカスしていた大阪時代と比べ、取材の〝守備範囲〟は大きく広がった。

15年の異動直後には、台湾で開催されていた野球の国際大会の取材で、初めての海外出張も経験できた。

年が明けた16年は、夏にリオデジャネイロ五輪が迫っていた。南米初となる五輪開催で、小海途はリオへ行けることを密かに期待していた。異動希望を出すようになったのも、リオ五輪から逆算して早く東京へ行けるようにとの思いからだった。

東京本社のデスクたちにとっても、小海途がどんな写真を撮ってくるのか、ほとんど阪神しか撮ったことがないカメラマンにほかのスポーツを任せられるのか、という疑心暗鬼もあっただろう。遊軍として、いろいろな現場を経験させ、写真のレベルを見定めたいとの思惑もあったはずだ。

長久保は当時の小海途について、「小器用なカメラマンだけど、そんなに個性があるとは思わなかった。まだ猫を被っていたんですかね」と苦笑する。

小海途にとって、初めて取材する競技の現場は新鮮だった。

撮影に行く前には、競技のルールや特性を頭に入れておく必要があった。その競技で記事になりそうなアスリートの動きや特徴、得意技や得意な展開、その選手ならではのクセや過去のデータなどを事前に調べておき、どのポジションで、どんなアングルからどんなシーンを狙えばいいかを頭にたたき込むのだ。

もちろん、現場で起きる予想外のシーンにも備えは必要だが、事前の準備も怠ってはいけない。

16年1月、小海途はリオ五輪の現地取材班のメンバーには選ばれなかった。

まだ野球以外のほかの種目は任せられないと判断されたのではないか、と悔しい気持ちが湧いた。自分自身にも野球と競馬くらいしか撮っていないという守備範囲の狭さに対するコンプレックスがあった。大阪から出てきた自分に対し、東京から世界を股にかけて活躍する同年代のカメラマンがまぶしく見えた。

五輪の取材班に入るというのは、ある意味でスポーツ紙のカメラマンとしては一番の花形でもある。日頃から社内で評価されていないと選ばれることはない。

じつは、当初予定されていた現地取材班のメンバーには同期のカメラマンが入っていた。ところが、彼はリオに行く前に退職することになった。それでも、交代要員に小海途が選ばれることはなかった。過去に何度も五輪の現場を踏んでいたベテランカメラマンに白羽の矢が立った。

「新参者には、まだまだ入る余地がなかったんだと思います」

16年夏までリオ五輪の日本代表を懸けた選考大会が国内でも本格化する。競泳や女子サッカーなどの会場に小海途も駆り出された。

当時の写真を見返しながら、小海途は振り返る。

「うーん。まだまだ、野球の撮り方をしていますね。なんというか、スポーツ写真というか、シーンにこだわった写真が多いです。得点シーンとか、取り逃してはいけない場面を押さえにいっているような『守りの写真』というんですかね。いまなら、もうちょっとアスリートのドラマや物語にフォーカスしたものを狙いにいく余裕があるんですけど、このときは現場で起きたことを記録するための写真になっていますね。

当時は自分だって負けていない、選ばれたらそれなりの写真は撮れると思っていましたが、いま思えば、まだまだ足りないところがあるなと思います。会社の判断は正しかったんでしょうね（笑）」

物語を撮るとはどういうことか。

「たとえば、サッカーでいえば、得点のあとに選手たちが喜んでいるシーンはお決まりだけど『絵』になりますよね。これは、何度も言う『定型』の写真として、それだけを撮っておけば紙面が出来上がります。

このシーンさえ撮れていれば、デスクから怒られることはありませんし、逆に、もしも撮れていなければ、怒られるシーンだと思います。ある意味で、スポーツ紙の報道には欠かせない場面です。

だけど、いまの僕がサッカー会場でカメラを向けているのは、得点シーンだけではありません。選手がアップしているときや、試合開始に合わせてピッチに入る場面もあります。現場にいるからこそ、たくさんのシーンを撮影することができるわけで、一般の観客が目にすることができないところだって、メディアだからレンズを向けることができることもあります。そこで見せる選手の決意などの心の奥底が見える表情って、物語があると思うんです」

五輪という舞台に立つために、どんな思いで戦いの場面を迎えるのか。その選手が歩んできた競技人生には、言葉では語れない思いが胸に詰まっている。家族や恩師、支えてくれた人たちへの感謝を抱く選手もいれば、孤高のまま勝負に挑もうとしている選手もいるかもしれない。彼らの思いが凝縮した、覚悟をにじませるような表情をとらえた一枚の写真から、選手の物語を解き明かそうというのだ。

リオ五輪期間中は、会社で内勤をしていた。現場から絶え間なく送信されてくる自社や通信社、外電などのおびただしい数の写真を確認し、トリミングしたり、紙面に出稿する写真の説明を付け加えたりと、雑用のような業務をこなし続けた。

ふてくされている時間はなかった。送られてくる写真を見ながら、自分ならどう撮るかを自問自答していた。インターネットにアップされる他社の写真も眺めた。

そして、強がりではなく、「これなら誰が行っても同じじゃないか」との思いも湧き起こるようになった。それは、虎番時代に痛感させられた「定型」の写真が、五輪競技においても存在し、それを「是」とする風潮がメディア全体を覆っていたからだ。金メダルを獲得した選手の写真が送られてくれば、どの写真も横並びに見えた。

一方で、五輪会場には、資本力や影響力を持つ巨大メディアの存在があることも痛感させられた。

たとえば、競泳の萩野公介が男子400メートル個人メドレー金メダルを獲得したときの海外メディアが配信してきた写真だ。勝利の美酒に酔いしれるかのように、水にプカーッと仰向けに浮き、歓喜の表情を浮かべているシーンを、天井に設置していたリモートカメラで押さえていた。

「もし、僕が現場に行っていても、フォトポジションはプールサイドだったと思います。そこからレンズを向けても、天井を向いている萩野選手の表情はわからないし、撮ることもできません。

オリンピックって、すべてのメディアが平等というわけではないんです。資本によって撮影実績を積み上げてきたり、世界的に影響力を持つメディアは、フォトポジションも優先されます。オリンピック取材に行ったら、世界的な巨大メディアと勝負しなければいけないと思いました。

そのためには、お金でかなわない分だけ知恵を絞らないといけないし、事前の用意をもっと周到にしないといけないと心に刻みました。そういうことがわかったという意味では、悔しい思いもしましたが、収穫のある内勤だったと思います」

リオ五輪後、スポーツメディアは2年後を見据えて、取材班の布陣を組み直すことになっていく。18年はサッカーW杯があり、その直前の2月には韓国の平昌で冬季五輪が予定されていた。

小海途はリオ五輪後、サッカーの現場に行く機会が増えた。これはW杯を見据えたものだった。そして、もう一つの担当が17年1月に発表された。

「次の冬のオリンピックは、おまえに行ってもらおうと思っている」

長久保はこう明言した。

小海途にとって、念願だった五輪取材のメイン担当を命じられた瞬間だった。

⑤フィギュア界に「社カメ」の新参者

17年2月、韓国の江陵（カンヌン）は厳しい寒さに包まれていた。ソウルから東へ約220キロ、日本海に面した美しいビーチが連なる韓国東海岸の都市だ。

この地は18年2月に冬季五輪のフィギュアスケートが開催されることになっていた。五輪開催時には、韓国高速鉄道（KTX）でソウルとも結ばれるのだが、1年前のこのときは、まだ移動手段は高速バスなどに限られていた。

五輪を翌年に控え、五輪会場の江陵アイスアリーナではテスト大会を兼ねて、フィギュアスケートの四大陸選手権が開催された。

選手たちにとっても、五輪会場のリンクを経験し、現地の環境に慣れておくことはメリットが大きい。フィギュアスケート男子も、男子66年ぶりの連覇を狙う羽生結弦をはじめ、トップスケーターが集結した。

そして、フィギュア担当となった小海途もこの大会から取材を本格化させていった。平昌五輪への派遣を命じられた小海途の担当競技は、スケート全般がメインに決まった。フィギュアスケートだけでなく、スピードスケートやショートトラックが含まれ、山で行なわれるスキー競技についてもサポートに回ることを覚悟した。

3年前のソチ五輪を「遠い世界」の出来事としてとらえていた小海途だが、このころには絶対王者の存在ももちろん知っていた。

ソチ五輪で金メダルを獲得した羽生はその後、無双状態の強さを発揮していく。15－16年シーズンはNHK杯で、ショートで自身初となる2本の4回転を組み込む高難度構成で、自身がソチ五輪でマークした世界歴代最高得点を更新すると、フリー、合計得点でも世界歴代最高となる異次元の演技を披露。

さらに2週間後のGPファイナルでショート、フリー、合計得点においてまたも世界歴代最高得点を塗り替えた。

翌16－17年シーズンはＩＳＵ公認大会で初めて4回転ループを跳び、ＧＰファイナル4連覇。平昌五輪での金メダル争いの大本命として独走していた。

平昌五輪を撮るスポーツ報道のカメラマンとして、小海途は「羽生選手を撮りたい」と切に願うようになっていく。同時に、あれだけのスケーターをどう撮ればいいのかという重圧ものしかかってきた。

スポニチのフィギュア報道は、長らく当時の部長だった長久保の独壇場だった。

「フィギュアスケートをスポーツとしてとらえ、レンズを向ける。長久保さんはそうやって、自分の地位を固め、スケートファンからも支持を集めるカメラマンになっていました」

カメラマンは職人気質の世界だが、長久保は面倒見がよかった。新聞社に所属するカメラマンは「社カメ」と呼ばれ、職人とはいっても、一介のサラリーマンでもある。しかし、会社組織の常識などはお構いなしに、前任者からの「引き継ぎ」がほとんどない世界だ。

長久保は違った。

フィギュアスケートのカメラマンの世界にも〝ムラ〟がある。フリーランスのカメラマン、フォトエージェンシーに所属するカメラマン、雑誌を発行する出版社に所属するカメラマン、新聞のなかでも一般紙、スポーツ紙にそれぞれカメラマンがいる。媒体の特性によって狙う写真がまったく異なるケースもある。

多くのスポーツ報道の現場にいるのは、ほとんどが新聞や雑誌などの会社に所属しているカメラマンだ。しかし、フィギュアの世界は特異で、フリーランスのカメラマンもかなりいる。それだけ写真の価値があるからだ。

腕一本で勝負するフリーのカメラマンのなかには、いい写真が撮れても、撮れなくても、月給を手にできる「社カメ」を敵対視する人もいる。

時の被写体は、羽生結弦というフィギュアの枠を超えた国内外に多くのファンを抱えるスーパースター。フィギュアスケートの写真への注目度は高く、自分が撮った一枚の写真で、得がたいほどの評価がもらえる世界であり、もしも〝駄作〟を世に出せば、たちまち評価を落とす厳しい世界でもある。

長久保はそんなカメラマンの世界で、フリーや「社カメ」など媒体に関係なく、うまく人間関係を構築していた。そして、小海途に対しても、フィギュア担当の世界について丁寧に教えてくれた。いわゆる重鎮と呼ばれるカメラマン、フリーで現場に出ているカメラマン、メディアに所属しているカメラマンなどにも紹介して回り、取材がしやすい土壌をつくってくれた。

長久保は社内でも一目置かれたカメラマンだった。決して怒鳴るタイプではないが、ときに発する言葉に厳しさが込められている。

もとは、スポーツではなく、社会ネタで名を上げたカメラマンだった。オウム真理教事件などの現場でいくつものスクープ写真を撮っている。アップで被写体に迫る「寄り」の写真に対し、全景をとらえる「引き」の写真があるのだが、長久保は「引き」の技術を駆使して、一枚の写真に数多くの情報をうまく収めることが得意なカメラマンでもあった。

長久保が撮るスポーツ写真を、小海途は「『視点』を持った写真」と評する。会社で内勤をしていたころ、大量に送られてくる現場からの写真のなかでふと目にとまる一枚があると、撮影者に長久保豊と記されていることが多々あった。写真だけでなく、文章を書くことにも長けており、フィギュアスケート関連のコラムにもファンがついている。

人望も厚く、カメラの腕前も確かな長久保だからこそ、小海途には当初、やりにくさもあった。

「スポニチ社内でも、フィギュアスケートはイコール、長久保さんという感じです。そこに後から自分が入っていく。長久保さんの〝シマ〟にお邪魔するというイメージでした」

小海途はプレスルームに誰よりも早く顔を出すようにした。紹介してもらったカメラマン以外でも、視界に入った人には積極的にあいさつを交わした。

多くの人から「長久保さんには、いつもお世話になっています」と、ここでも長久保の影を感じることが多かった。

平昌五輪まで1年しか残っていない。決して充分な時間とは言えないなか、偉大な先輩の影を感じつつ、新参者の小海途の平昌五輪に向けた戦いが始まっていく。

第3章

抗い

①1年後を見据えたフォトポジション

細身の体躯に柔和な表情、そして「透明感」が漂う清潔なイメージ。そんな羽生がリンクの上に立てば、たちまち勝負師の顔をのぞかせる。フィギュアスケートという芸術性も求められる特異なスポーツのなかにあって、勝ちにこだわるときの羽生は、アスリートそのものだ。演技前に一気に高める集中力でゾーンに入る。会心の演技で喜びを爆発させ、納得がいかない演技では苦笑交じりに悔しさをのぞかせる。

羽生のためのオリンピック——。絶対王者として君臨し、人気でも圧倒する羽生が男子66年ぶりの連覇を狙う平昌五輪は、こんなふうに形容されることもあった。

小海途にも、覚悟はあった。

「ようやくかなったオリンピック取材ですから、平昌オリンピックを象徴できるような写真を撮りたいと思っていました」

狙うのは羽生の金メダルの瞬間だ。ただ喜ぶ姿では「定型」にすぎない。自分なら、どんな写真が撮れるか。本番までの猶予は1年。五輪会場での撮影ができる2017年の四大陸選手権は、カメラマンにとっても最高の予行演習の舞台だった。

韓国への出発前、小海途は羽生の過去の写真にくまなく目を通した。これまでフィギュアスケートを撮影したことはなかった。シーズンはすでに前半戦を終えている。このシーズンのプログラムを映像や写真で見返し、演技を頭にたたき込む。どこでどんなジャンプを跳び、どんなステップを踏むか。スピンの位置も、彼が過去の大会のどの場所でどんな表情を浮かべていたかも、すべて記録として残っていた。

カメラマンは通常、大きな大会であれば、1日に1万回はシャッターを押す。ピントが合っていないもの、うまく撮影できていないものもあるが、撮影した写真データはすべて社内のフォルダで共有できるようになっている。

五輪プレシーズンの羽生のショートは、アメリカの人気ロック歌手、プリンスの『レッツ・ゴー・クレイジー』、フリーはピアノ曲『ホープ&レガシー』だった。スポニチの社内フォルダからショートの写真を1000枚程度、演技時間が長いフリーに関しては1200枚ほどに目を通した。

さまざまな競技を撮影してきた小海途がフィギュアスケートについては、「撮ること自体は簡単な競技です」と言いきる。理由は明確で、リンクに立つスケーターは一人だからだという。

「団体スポーツなどと違って、一人のスケーターをずっと追いかけて撮影していけばいいわけです。しかも、基本的にはオートフォーカスで対応できるので、ピントを合わせる作業も必要ありません。このときにフォルダに入っているデータを見た限り、『撮影技術』という観点で言えば、そこまで高いものは求められていないと思いました」

そう断った上で、小海途はこう言った。

「だからこそ、撮り手のセンスが求められます。どんな写真を撮るのか、どんな場面を狙うのか。技術よりも、視点が問われるスポーツだなと思いました」

そんな小海途は写真データを見ながら、早くも違和感を生じさせていた。

「どの写真も似通っているというか、ほかの撮り方もあるんじゃないかなと思いながら写真をチェックしていました」

PC画面にサムネイルと呼ばれる小さいサイズの写真が表示される。そのなかから、気になる写真を選び、拡大してチェックするのだが、サムネイルの段階で「同じような写真の集合体」に見えてしまったという。

「基本は全身が撮影されていて、スタンド上部から氷のリンクを背景に撮っている写真が多かったです。これが、フィギュアの『定型』の『王道写真』だと思いました」

もちろん、現場のカメラマンが手を抜いているわけではない。

フィギュアスケートの演技を一枚の写真で表現するには、スケート靴も衣装も選手の表情も、氷上で滑っていることがわかることも必要になる。選手の全身と背景にリンクが入った写真は、フィギュアスケートという要素のすべてを詰め込んだ形の〝理想型〟ともいえる。小海途が言うように「王道写真」なのだ。

さらに、当時のカメラマンのなかにはフォトポジションにも〝定石〟が存在していた。定石とは囲碁で昔から研究されてきた最善とされる石の打ち方である（将棋では「定跡」と呼ぶ）。

フィギュアのフォトポジションの定石は、ショートはスタンドなどの上部から、フリーはリンクサイドなどの下から撮影するというものである。

演技時間が短いショートは、氷を背景にしてスケーターの全身が入るように撮影する。絵になるカットを押さえるための効率性が優先されている。フリーでは、カメラマンも少し〝遊び心〟を施す。リンクサイドから「引き」の写真や、「寄り」の写真など、遠近を使い分けて立体的な工夫を凝らす。ショートとフリーを上からと下からのアングルで撮影することで、及第点のフィギュアスケート写真が完成する。

フィギュアスケート撮影はこうした伝統が脈々と受け継がれてきた。ゆえに、配置換えなどでカメラマンが変わっても、各社の紙面に掲載される写真はほとんど変化がなく、「安定」していたともいえる。

小海途はそんなフィギュア写真に「ほかに撮り方はないか」と疑問の余地を挟み込んだわけだが、このときの四大陸選手権は、「まず、フィギュアスケートの現場を見よう」と勉強のつもりで現地へ入った。理想を追い求めすぎた虎番時代の反省もあった。フィギュアスケートとはどういうものか、そして、この世界に君臨する絶対王者の羽生の写真はどんなふうに撮れるものなのか——。あくまで1年後の五輪本番を見据えて現地へ入ったのだが、それゆえに、一つだけ決めていたことがあった。

それは、ショートもフリーもスタンドから撮影するということだ。

本来ならリンクサイドから撮影したほうが、自由度は高い。この大会では、フリーはリンクサイドから撮影することも可能だった。

しかし、五輪本番は違う。このときの四大陸選手権の比ではないくらい、数多くの国内外のメディアが取材に訪れる。

日本のスポーツ紙のフォトポジションに、人気のあるリンクサイドが振り分けられることはないだろう。それならば、本番を見据えて、フリーもスタンドの上段から撮影しやすい場所を見つけておく必要がある。1年後を見据えた戦いが始まっていた。

②東京紙面で見送られた絶対王者の〝視線〟

「羽生　2ヶ月ぶり復帰戦ノーミスならず　SP3位発進『ふがいない』」

スポーツニッポンの2017年2月18日付朝刊には、こんな見出しとともに、羽生が右手の人さし指を頭の横に置き、悔しそうな表情を浮かべた写真がメインを飾っている。

小海途は振り返る。

「羽生選手が演技でミスをしたことで、悔しいという感情が出た瞬間だったんですね。一瞬ですが、彼の素の心情が動作になったんだと思います。氷上で見せた彼の心に迫れる写真じゃないかと思って、シャッターを押しました」

小海途は2月13日に現地に入ると、その後は羽生の一挙手一投足を追いかけた。仁川国際空港に到着した羽生の様子を収め、空港ロビーから車に乗り込むまでシャッターを押し

ISU 125 YEARS

続けた。

注目度の高さは、羽生が空港に降り立つ前から感じ取れた。日本人だけでなく、韓国などの海外のファンも到着を待ち、横断幕を持っている熱烈なファンの姿もあった。

マスク姿の羽生は細身で肌の白さが印象に残った。カメラマンが一斉にレンズを向け、番記者たちが歩きながらコメントを求めた。

翌14日の練習は本番リンクで行なわれた。初めてフィギュアスケートを取材する小海途は、氷上で滑る羽生の動きを把握しつつ、ワイドに羽生をとらえた写真を出稿した。

「このときは、オリンピックのテスト大会で、羽生選手がオリンピック本番のリンクで練習をしているということを読者に伝える意図がありました。羽生選手をアップで撮影すると、会場が江陵なのか、日本のリンクなのかがわからない。

ですから、ここがオリンピック会場だということを明示しようと考えたカットですね。ただ、これは、いま振り返れば、スポーツ報道の視点からの写真です」

小海途も揺れていた。

フィギュアスケートの写真はどういうものが求められるのか。

ゆえに、17日のショートでも、演技の結果を連想させる写真のなかからセレクトして会社へ送信している。

羽生はこのとき、冒頭の4回転ループをほぼ完璧に跳び、演技後半に組み込んだトリプルアクセルでは当時の満点だったGOE3を加点したものの、2本目となる4回転サルコウが2回転で抜けて3位スタートとなっていた。

「自分なりに動きのある写真を選びました。だけど、あくまでスポーツ報道の視点に立っていますね。羽生選手を撮影していくなかで、僕自身の撮影もオリジナリティを出せるようになっていきますが、それはずっと先のことです。

この時点では、演技内容が良ければ、うれしさが伝わるような写真から選んだでしょうし、演技にミスが出たら転倒のシーンや悔しそうな表情をしている写真を出稿するという流れになっていました。僕自身は下っ端のカメラマンで、出稿した写真のなかからどれを使ってほしいというようなことをデスクに意見できる立場にもありませんでした」

結果的には、羽生の結果を踏まえた悔しそうな表情の写真が紙面を飾ったのだ。

フリーでは演技後半に4回転でミスしたものの、4本の4回転を跳んでシーズン最高得点となる206・67点をマーク。フリー全体1位を獲得し、総合で2位に入った。

このときのスポニチの紙面には、羽生がジャンプを跳んでいるときの写真がメインで掲載された。

見出しは「みえた、4回転5発時代」。フリーの出来映えを伝える上で、スポニチの見出しは鮮明だった。そして、その記事に添えられた写真は、小海途がどんな写真を撮ったかではなく、記事に寄せて選ばれた。

スポーツ紙にとって、当然の選択でもあった。だが、小海途は別の写真を使ってほしいと思っていた。

小海途は、現場で羽生のすごさを肌で感じた。

美しい4回転ジャンプがなぜ、お手本といわれるのか。多種類の4回転時代を「ジャンプ・コンテスト」と揶揄する関係者がいるなかで、表現力にまでこだわる演技の神髄を見せつけられた。

初めて、公式戦でレンズを向けた絶対王者の強さ、すごさを、当時の小海途はまだ写真でも言葉でも表現することができなかった。

ただ、漠然とではあっても、「羽生選手がすごいスケーターだということはわかりました」と打ち明けた。

同時に、絶対王者が牽引する平昌五輪までの男子フィギュア界で、背中を追いかける男の存在もとらえた。四大陸選手権を制したアメリカの新星であるネイサン・チェンだった。牽引する羽生、背中を追いかけるチェンという二人のスケーターによる金メダルを懸けた戦いが、この四大陸選手権での交錯を起点として本格的にスタートしていくのではないだろうか。そんな予感がした。

はたして、羽生は、4回転ルッツという高難度のジャンプをコンビネーションで操るチェンをどう見ているのか。

小海途は気になった。そこで、表彰式で意表を突く行動に出た。

表彰式におけるフォトポジションは、正面が「正解」といえる。首からメダルを下げるとき、どんな表情を浮かべるか。さらには、表彰台に立つ選手たちの顔もはっきりとわかるからだ。ほかのカメラマンは当然のように正面に並ぶ。

しかし、小海途は意図して表彰台の斜め後ろに立った。

「正解」とは言えない場所からなぜ、レンズを向けたのか。じつは明確な狙いがあった。選手たちを正面からとらえることができないが、羽生がチェンに視線を送るとしたら、この場所からしか撮影できないと考えたからだった。

正面からの写真は捨てた。デスクから「欲しい」と言われたら、また嫌な顔をされる。

加盟している通信社の写真を使うことになれば、なんのために自社のカメラマンを出張に出したのかわからない。それでも、小海途は自分の狙いを優先した。

絶対王者の羽生がチェンにどんな視線を向けるのか――。それこそが、現場に行ったカメラマンがその場で判断したからこそ、撮れる一枚だ、と自らに言い聞かせた。

羽生は表彰台に上がる前にチェンをにこやかに祝福し、柔和な表情で握手をした。優勝したスケーターをリスペクトする「人間・羽生」の素晴らしさがそこにはあった。そして、二人がハグをした。一瞬、互いの視線が切れる。

ここで、羽生にアスリートの本能が呼び起こされた。相手のことを心から称えながら、自分が結果を残せなかった悔しさは打ち消すことができない。

「羽生選手は、悔しそうな、それでいて、次は負けないぞという闘志をみなぎらせたような目をしていました。僕はこれまでもたくさんのアスリート、スポーツ選手を撮影してきました。だけど、羽生選手は特別だなと思いました。

レンズ越しに見た羽生選手の視線から、これから自分はすごい選手を撮っていくことになるんだという覚悟を決めなければいけない気持ちになりました」

当時はまだインターネットで速報を積極的に出していく時代ではなかった。小海途はじっくりと写真を選ぶ。そのなかから、「やっぱりこの写真を送ろう」と二人が握手をしているときの写真を送った。

「握手ではなく、羽生の視線をとらえるための写真」。その意図を汲んでほしいと思いながら、送信ボタンを押した。

大阪本社が発行する紙面には、この写真が使われた。しかし、東京の反応は違った。写真を見たデスクから電話がかかってきた。

「ジャンプの写真を送ってほしい」

自らの無力さを感じた。デスクが悪いのではない。自分の写真がもっと尖っていれば、どうだっただろうか。ジャンプの原稿になるのはわかっていた。そこにジャンプの写真を入れる「定型」が読者にわかりやすい紙面に必要なことも理解していた。

しかし、小海途は忸怩たる思いだった。

「現場にいた自分が感じたのは、ジャンプの写真じゃない。これじゃないんだ」

紙面で使う写真を覆すには、デスクを説き伏せるしかない。

しかし、当時の小海途にはそれだけの実績も、社内での影響力もなかった。「こっち（握手の写真）のほうがいいと思います」とは伝えた。しかし、「こっちを載せてください」

とまでは言いきれなかった。小海途は、このときの感情をいまでも忘れることはないという。悔しい感情を押し殺し、東京版のメインで使われることになる「ジャンプの写真」を送信した。

帰国して、他紙や雑誌に掲載されている写真などを眺めた。小海途の写真も、同じようにほかのカメラマンが目を通しているだろう。

「写真の世界は結果がすべてです。新聞に載って、初めてこういう写真を撮っていたんだということがわかるわけです。

データの中には、あるいは、大阪版の紙面には、もっとこだわり抜いた写真がある、なんて言っても、言い訳でしかありません。僕がいいと思った写真は東京版では使われなかった。紙面で示すことはできませんでした。スポニチの小海途が撮影したフリーは『ジャンプの写真』です。表彰式のとき、『小海途はなんで表彰台の斜め後ろにいるのだろう』と思ったカメラマンはいたかもしれませんが、『狙いが外れたのか』くらいにしか思われなかったでしょう。

羽生選手という被写体から垣間見えた一瞬の『勝負師』としての表情を、東京版の紙面では見せることができなかった。そのことが、すごく悔しかったです」

小海途に、当時を振り返って、四大陸選手権は自分のなかでどれくらいの評価になるのかと聞いた。小海途は「僕はカメラマン人生のなかで、100点を取ったことがありません」と前置きした上で、「あのときは20点ですね」と冷静に答えた。

「表彰式でセオリーどおりではない場所から、自分のなかではいい写真が撮れました。紙面には掲載されませんでしたが、それでも、10点はあげていいと思います。あとは、オリンピック本番を想定したポジションでショートもフリーも撮影できました。それが1年後への布石という意味で10点ですかね」

「当時の自分は、羽生選手を撮りきれていない」とも言った。

「写真を撮るというのは、カメラマンの技術も必要ですが、被写体の存在がとても大きいです。いま思い返しても、当時の僕には羽生選手の良さも、魅力もカメラで収めることができていません。

彼はたくさんの『顔』をカメラマンに見せてくれるんですよね。その『顔』があるから、自分ならどんな写真を撮ろうかと考えて、成長していけるわけです。僕のことを『神』と呼んでくれる方々がいらっしゃいますが、最初から卓越したカメラ技術を持っていたり、人と違う切り口で撮影ができたりしたわけではまったくありません。

羽生結弦という存在を撮ってきたからこそ、僕自身は成長していけたと思っています」

約1ヶ月後にフィンランドの首都・ヘルシンキで開催された世界選手権で、羽生はショート5位から大逆転で3年ぶり2度目の世界王者へと返り咲く。

しかし、小海途は、このときも羽生の魅力に迫る写真を撮れていなかった。気がつけば、他社のスポーツ紙のカメラマンの写真と見比べて、納得もいかないが、不出来とも言えない写真を撮り続けていた。

そんな小海途は平昌五輪シーズンが間もなく幕を開ける17年夏に、衝撃を受けた。

フリーランスのカメラマンの撮影手法だった。

夏のトロント公開練習の取材は毎年の恒例だった。このシーズンは、羽生が五輪シーズンに滑るショートとフリーを発表する。例年以上に高い注目を集めていた。

小海途も、羽生の練習拠点のトロント・クリケット・クラブを訪れた。

羽生は敷地に入ったところで車から降りると、スーツケースを引きずりながら報道陣が待つリンク施設の玄関へとゆっくりとした足取りで向かってきた。

玄関前には大勢のカメラマンが羽生の到着を待っていた。初めてのトロント取材で勝手がわからないなかでも、群れることを避けたい小海途は少し離れた場所からレンズを向けていた。

こちらへ向かって歩みを進める羽生の目前に、一人のフリーカメラマンの姿が視界に入った。低い姿勢でしゃがみ込み、羽生にレンズを向けていた。

羽生の手前には色鮮やかな花が咲く花壇がある。花のピントをぼかし、夏のさわやかな羽生の写真が撮れる――。小海途はすぐに、狙いがわかった。

「あそこで撮るのか」

新聞が翌日に練習公開の様子を記事にするのに対して、専門誌などは発売が後日になる。だからこそ、雑誌に掲載する写真を撮るフリーランスなどのカメラマンは工夫を凝らす。視点も切り口も、カットもすべてにこだわる。

事前にフォトポジションを練っていたカメラマンの仕事ぶりに感心していると、羽生が歩いてきたその先にはもう一人のフリーカメラマンの姿があった。カメラマンは羽生に視線をもらい、笑顔の瞬間にシャッターを押し続けていた。

長きにわたって羽生を撮り続け、被写体から信頼を得ているからこそ撮れる写真だった。

小海途は敗北感に打ちひしがれた。そして、こう思った。

「羽生選手という被写体に対して、自分はどこか逃げている。腹をくくらないといけない」

③オータムクラシックで撮った運命の一枚

17年9月22日。羽生はカナダのモントリオールで、シーズン初戦のオータムクラシックを迎えていた。

いよいよ幕が開ける五輪連覇を懸けたシーズン。日本からも多くのメディアが取材に訪れていた。

前日に公式練習に参加し、当日も公式練習が行なわれ、その後にショートが行なわれた。羽生が五輪シーズンに選んだショートは、15－16年シーズンに世界歴代最高得点を何度も更新し、世界中をあっと言わせたショパンのピアノ曲『バラード第1番』だ。そんな伝説のプログラムを五輪シーズンに持ってきた。

羽生の五輪シーズン初戦は圧巻だった。冒頭の4回転サルコウと基礎点が1・1倍になる後半のトリプルアクセルでGOEで満点の3を獲得するなど、ノーミスの演技を披露。自身が持つ世界歴代最高得点を塗り替える112・72点をマークし、堂々の首位に立った。演技後の羽生も達成感をにじませた。

こんなとき、スポーツ紙では「圧巻」「世界歴代最高の更新」という派手な見出しに合う闘志あふれる王者の写真が「定型」となる。

ピアノの曲調やプログラムの雰囲気を度外視にしてでも、読者には、五輪連覇を狙う羽生が素晴らしい演技で好スタートを切ったということを、わかりやすく伝えたいのだ。

一方、小海途はこのとき、「ピアノの旋律が聞こえてくるような写真が、『バラ1』にはふさわしいのではないか」と思いつつ、サムネイルから写真を選んでいた。

スポーツ紙の「定型」と、小海途の考えは相反するが、被写体がどうすれば映えるかを考えていることは変わらない。しかし、アプローチがあまりにも違いすぎるのだ。

自らが撮影した写真をＰＣの画面で見直しているとき、一枚の写真に目がとまった。

羽生の体のしなやかなラインが曲線を描いていた。

演技終盤のステップに入る直前の羽生のしぐさだった。広げた両手の指先は何かをつかもうとしているようにも見える。羽生が天を見上げるような表情は、横顔だ。

「紙面では正面からの写真が好まれます。そのほうが絵になることが多いなかで、これは、羽生選手は横顔でも絵になるということがわかる一枚なんです」

小海途は見返した無数の写真から、この一枚を見つけたとき、「静かな美しい写真」と

スポニチ

SP112.72点

羽生 世界最高

いきなり!! ベストじゃなくても

本田 代表落選 終面

スポーツニッポン

2017年9月24日【日】

フィギュアスケート　オータム・クラシック（22日　カナダ・モントリオール）

ペン　柳田博
カメラ　小海途良幹

今季初戦の羽生結弦（22＝ANA）が男子ショートプログラム（SP）で、112・72点の世界最高得点をマークし、首位発進した。右膝痛のため難易度の低いジャンプに変更しながらも、完璧な演技で15年12月GPファイナルで自らが出した110・95点を2季ぶりに1・77点更新した。2連覇を狙う来年2月の平昌五輪へ向けて最高のスタートを切った。【関係記事8面】

大好評！　冷たさ走る新辛口

どやっ
どやっ
どやっ

「一つ成長」

2季ぶりのショパン「バラード第1番」を情感たっぷりに滑り終えた羽生は何度もうなずいた。「ちゃんとここまでできたよ。ほら見て」。オーサー・コーチに向かって得意げに両手を広げた。約10日前に痛みが出た右膝の不安をものともせず、シーズン初戦でノーミスどころかいきなりのパーフェクトな演技だった。

「本当にミスがなく、曲としても納得している。構成を落としても本番で全てを出し切ることは難しい。一つ成長できた」

3つのジャンプを全てきれいに決めた。うち2つは出来栄え評価で最高の3・00点を引き出した。最大の歓声を浴びたのは基礎点が1・1倍に

五輪シーズン初戦　右膝痛でジャンプの難易度DOWN

◆男子SPの世界最高得点の変遷◆

112.72　17年9月 羽生結弦（バラード第1番）
110.95　15年12月 羽生結弦（バラード第1番）
106.33　15年11月 羽生結弦（バラード第1番）
101.45　14年2月 羽生結弦（パリの散歩道）
99.84　13年12月 羽生結弦（パリの散歩道）
98.52　13年11月 チャン
98.37　13年3月 チャン
95.32　12年11月 羽生結弦（パリの散歩道）
95.07　12年10月 羽生結弦（パリの散歩道）
94.00　12年4月 高橋大輔

羽生は今後右膝が復調し、冒頭に4回転ループを入れられるようになれば、さらに得点の上積みが期待できる。今季は2位につけている前世界王者のフェルナンデスらライバルたちの仕上がりも早いが、王者の存在感は別格だ。

サルコー➡ループで1.5点上積み　まだ伸びしろある

岡崎真の目

自分に似合うことは分かっている過去の洋服をタンスから出してきた場合、慣れているからこそ〝お約束〟の着方になるケースはある。だが、この日の羽生は、過去を超える見事な着こなしができることを証明した。まして、使用曲は2季前のGPファイナルで史上最高得点をマークしたもの。全ての面で洗練された今回の演技で、心配は杞憂（きゆう）に終わったと感じた。

4回転ループを回避したことで、要素は15年と全く同じものとなった。4回転トーループ―3回転トーループが後半に組み込まれたことが主な加点要因となったが、それ以外にも踏み切り前に小刻みなターンを加えたり、連続ジャンプの2発目で両手を上げたり、こまやかな工夫が光った。中でも間の取り方の洗練具合には、感心させられた。

ループはフリーレッグ（軸足でない方の脚）に頼れず軸足の負担が大きいため、不安があるうちは回避するのが賢明だろう。一方で、サルコーをループに替えると基礎点で1.5点の上積みも計算できる。つまり、SPの得点は伸びしろが……ある。同じように「似合う」ことが分かっているフリーでどんな演技を見せてくれるか、とても楽しみだ。（ISUテクニカルスペシャリスト、プロコーチ）

「広島優勝特集号」販売中

何度も見返した。

「自分が好きだと思える写真が撮れた」

そして、すぐにこの写真を紙面に掲載したいとの衝動に駆られた。

しかし、簡単ではないことはわかっていた。まず、紙面に求められるフィギュアスケートの写真は、羽生であれ、ほかのスケーターであれ、「力強さと躍動感、にぎやかさ」が好まれる。総じて「動」を含んだ写真である。しかし、『バラード第1番』は本来、しっとりとした「静」のプログラムだ。

「曲調を度外視して、無理やりに躍動感のあるジャンプや力んだ表情を使うのは、僕は違うと思っていました。それは、羽生選手の『バラ1』を表現できていない。その意味で、『バラ1』の『静』の世界観に忠実に撮影していけば、結果としてプログラムの魅力が、そして羽生選手の魅力が、そこに写し出されるんじゃないかと思いました」

そんななかで、シャッターを押し続けたなかに「奇跡の一枚」があった。

小海途は言う。

「シャッターを押しているときは、あの写真を撮影できたことに気づいていませんでした。羽生選手の演技を追うなかで、偶然とらえた一瞬だったんです」

しかし、すぐに我に返った。

「この写真はおそらく、使われないだろうな」

小海途はオータムクラシックの撮影に来るまで、羽生に対して4度の取材機会があった。初めて取材した17年2月の四大陸選手権、大逆転で世界王者に返り咲いた3〜4月の世界選手権、日本開催だった4月の世界国別対抗戦、そして8月のカナダ・トロントでの公開練習。4つの取材機会を経て、フィギュアスケートでは社内でどんな写真が好まれるかがわかっていた。

「こういう傾向の写真は選ばれないだろうなと思っていました。

僕が現場で感じたような『バラ1』の世界観を社内で共有できればという希望はありましたが、フィギュアスケートはスポーツでもあり、アートでもあり、それらが融合した独特の競技でもあります。

スポーツ紙の読者には、やはりわかりやすい場面を伝えるということも求められています」

そこで、小海途は一つの意思を示した。最初に、この写真を送信したのだ。

フィルムカメラからデジタルカメラへの変革は、カメラマンにとって利便性を一気に高めた。

フィルムと違い、その場でどんな写真が撮れたかを確認できる。フィルム代がかかるわけでもなく、失敗を恐れずにシャッターを押し続けることも可能だ。ゆえに、一つの会場で何百、何千というシャッターを押し、そのなかから厳選した枚数だけを送信する。

カメラマンがセレクトし、送信してきた写真のなかから、どれを使うかは社内で紙面編集に携わるデスクが決める。ときには写真部のデスクが記事を出稿した部署のデスクと協議し、記事に合う写真を選ぶこともある。

カメラマンができることは、現場で送る写真を厳選することだけである。どの写真を使ってほしいということまで強いメッセージを発することは、デスク業務への〝領域侵犯〟になってしまう。

現場のカメラマンは無言の意思表示として、使ってほしいと思う写真から優先的に送信する。小海途は羽生のこの写真を最初に送った。

「僕はこの写真で勝負したい」。そんなメッセージを込めて――。そして、ジャンプを跳んでいる羽生の写真を予備的に送信した。

スポニチ東京本社には、部長だった長久保が出勤していた。自分から引き継いだ小海途がどんな写真を送ってくるのか、関心を抱いていた。

そこにあの写真が送られてきた。長久保は一瞬、驚いた。

「羽生選手がシーズン初戦で世界最高得点を塗り替えた。羽生選手の『どうだ！』という表情のフィニッシュ後の写真を送ってくるだろうなと思うわけです。

でも、小海途はテイストが違う写真を送ってきた。でも、最初に送ってきていたから、これを使ってほしいんだろうなと思って、カナダへ電話で確認をしました。

すると、本人も『そうです』と言う。現場がこの写真で勝負したい、羽生選手の魅力を伝えたいと思って送ってきたのなら、使ってあげたいなと思いました」

紙面にどの写真を使うのかを決めるのは、その日の当番デスクだ。カメラマンとして現場を踏み、デスクになって職責を全うする部下に、長久保も頭ごなしには言えない。

「これ、いいね」

長久保は小海途が送ってきた最初の一枚を見ながら遠慮がちにつぶやいた。デスクも半信半疑ながら、最後は小海途の意思を尊重した。

小海途は現場で写真を送り終えると、宿舎のホテルに戻った。日本時間でデスクたちが出勤する時間が少し過ぎたころに連絡を入れるつもりだった。

紙面で取り扱うスポーツは、野球やサッカーをはじめ、日本国内での試合や大会のほか、時差が北米のカナダとは違う欧州など、さまざまな場所で開催されている。撮影できた写真は、デスクも早く出稿したい。ゆえに、出勤から間もない時間に連絡を入れることになっている。

先に着信が入る。会社からだった。

緊張した面持ちで小海途が聞いた。

「どんな感じですか」

一瞬の間があった後、デスクからは意外な言葉が漏れた。

「長久保さんがね、『これ、いいね』って言ってるよ。最初に送ってくれた写真を使うね」

胸の高鳴りが自分でもわかった。あの写真が使われる。紙面に掲載される。長久保が意見をしてくれたのか。そして、デスクも同調してくれたのか。

出稿した記事や写真は、整理部で紙面へと落とし込まれ、やがて翌朝の紙面と同じゲラが出来上がってくる。

ゲラの段階で、修正や見出しの変更などを行ない、その後に印刷へ回す「降ろす」という作業で編集局の手を離れる。

ゲラの段階では、出稿した記者、カメラマン、出稿部のデスク、写真部のデスク、その日の紙面の編集責任を負う編集幹部らが目を通す。

だれかが異を唱えれば、写真も記事も差し替えとなる。

小海途は早く仕上がりが見たいと、ゲラが出来上がってくるのを待った。

PC上で確認したゲラを見て、舞い上がった。羽生の初戦、しかも世界歴代最高での好スタート。扱いは1面トップだった。

ド派手な見出しに、小海途が望んだ「しっとりと、美しい」羽生の写真が掲載されていた。

長久保も苦笑しながら振り返る。

「小海途を現場に出していなければ、ああいうテイストの写真を使うことはなかったでしょう。従来のスポーツ紙の定石でいえば、演技直後の闘志みなぎる表情や、動きのあるガッツポーズのような写真を使っていたと思います。

だけど、羽生選手の写真に対して、小海途は違う切り口の写真を選んだ。現場の彼が選んだ写真、彼の感性が伝わってくる写真でした」

もちろん、長久保は気まぐれで小海途の写真を選んだわけではない。

自分が大事にしてきたフィギュアスケートの現場を引き継いだ後輩の仕事ぶりは、他社のカメラマンから耳に入ってきていた。

「あの小海途ってやつはすごいね。よく働くよ。大事にしたほうがいい」

仕事にひたむきな姿勢で臨む後輩はやはり、かわいい存在だ。そんな小海途が自己主張して送ってきた写真だからこそ、長久保の決断にも迷いはなかった。

長久保はフィギュアスケートの熱狂的なファンのことを注視していた。どんな写真が好まれるのか。自分たちの写真は受け入れられているのか。

反響は想像以上だった。インターネットサイトの掲示板で話題となり、「ポストカードにしたい」という書き込みもあった。小海途はこれまで、ネットなどの反応を見たことがなく、こうした世界の反応を求めてもいなかった。

「紙面にどれだけ納得がいく写真が載っても、わざわざ、『いい写真でしたよ』というようなことを連絡してきてくれる読者はいませんからね。自分との戦いだと思って、ずっと撮ってきました。帰国したら、長久保さんが掲示板の書き込みを印刷して渡してくれました。すごくうれしかったですね。

反応があるんだということに、すごく驚きました」

小海途の心境もオータムクラシックの一枚から大きく変わった。それまでスポーツ報道という枠組みの中で、「定型」という視点に立った写真を追いかけ、出稿するときにも無意識に選んでいた。

しかし、このとき、自分が心から「好きだ」と胸を張れる写真が撮れた。被写体の羽生のしなやかなラインがなければ、気づかないような写真だった。だから、小海途は言う。

「この写真は、羽生選手が撮らせてくれた一枚だと思っています」

ジャンプを跳んでいる写真が求められると思っていたが、長久保の後押しもあって、小海途が選んだ写真が1面を飾った。ファンの反響を呼んだ。

「自分が好きな世界観があって、それを認めてくれるファンの存在があることに気づかされました。もちろん、全員ではないと思います。だけど、どこかにそういう人がいるということは、すごく勇気づけられました。社内でも、長久保さんのように僕の考えを尊重してくれる上司がいる。自分もこういう方向でいいんだと、気持ちが吹っ切れました」

あの日、スポニチのフィギュア写真は変わった。いや、羽生の写真が変わろうとしていた。もっと言えば、日本におけるフィギュアのスポーツ報道写真が変貌を遂げる転機にもなった。

そう言いきれるほどの大きな転換を迎えた。

④王者をとらえた、翼に映える〝奇跡〟の一枚

羽生を撮影することはスポーツ報道の枠にとらわれているだけではいけないということを悟った小海途にとって、ファンの〝支持〟は大きかった。

小海途は自分を信じて、羽生にレンズを向けるようになっていく。

シーズンが本格開幕するGPシリーズ。羽生は第1戦のロシア杯に出場した。

羽生がトウループ、サルコウの2種類の4回転ジャンプを携えてソチ五輪の金メダリストに輝いた男子フィギュアでは、その後、ジャンプの進化が止まらなくなっていた。背中を追いかける若い選手たちが高難度の4回転ルッツをコンビネーションで跳ぶようになってきたのだ。

羽生たちの年代のスケーターには、表現やスケーティング技術を駆使することで、あえて若いスケーターたちによる「多種類の4回転時代」の土俵に上がらない戦略を取る選手たちもいた。

15年、16年の世界選手権を連覇したハビエル・フェルナンデス（スペイン）らがそう

だ。ジャンプの基礎点を上げるという手法もあれば、表現力などを示す5項目の演技構成点を高めていく戦術もフィギュアスケートという競技の特性からすれば、一つの正攻法でもあった。

王者の羽生は、その両方を譲らなかった。16－17年シーズンにＩＳＵ公認大会で、初めて4回転ループを成功させただけではなく、五輪シーズンには4回転ルッツも投入するプランを立ててきた。

羽生は五輪シーズン開幕前の17年8月、カナダ・トロントで「4回転の種類と本数」か、それとも「プログラムの質」かの択一を迫るメディアの質問から逃げることなく、こう語っている。

「（ジャンプも表現力もすべてのクオリティを含めた）全部が僕の武器だと自負していま す」

そんな羽生にとって、ロシア杯はＧＰシリーズ初戦にして、フリーで自身初の4回転ルッツを投入する大会でもあった。

羽生の新たな4回転が意味することは〝挑戦〟ではない。羽生のジャンプは未来のスケーターたちが「お手本」だと思って目にする。

助走も、跳び上がってからの滞空姿勢も、そして着氷も、すべてにおいて万全を期した上でプログラムに組み込むのだ。

ロシア杯では、メディアの注目も、4回転ルッツの成否という一点に集中していた。

しかし、小海途は「写真に関しては、4回転ルッツにこだわる必要はないと思っていました」と言いきる。

「はっきり言ってしまえば、ジャンプを一枚の写真でとらえたとしても、映像には勝てません。

テレビはその日に放送し、羽生選手に関心を持つファンは必ず映像を見ています。もちろん、スポーツ紙としてジャンプに触れないわけにはいかない。4回転ルッツを跳ぶに至った経緯や、実際に跳んだときの感想などは、羽生選手が取材に応じているわけですから、記事としては不可欠だと思います。

では、そこにジャンプの写真を添えるのがいいのか、カメラマンは独自の切り口を見つけたほうがいいのか。僕は後者の考えを持っています」

小海途は公式練習に挑む羽生の姿を追い続けた。

会場リンクで小海途の視界が、ファンが持ち込んだ大きなバナーをとらえた。

ゴールドカラーで「結弦」と文字が刻まれ、両サイドに白い翼が描かれていた。

今季初戦のＧＰシリーズの「定型」で求められる写真であれば、羽生が公式練習で滑った内容になるだろう。

どんな種類のジャンプを入念に跳んだのか、スピンやステップで氷の感触を確かめたのか。記者ならその様子を原稿に書く。写真を記事の「補完」だと考えるなら、その様子を「絵」として読者に提供するというのも手法の一つだ。

しかし、小海途はオータムクラシックを経て、写真を記事から切り離す「独立」した情報として読者に伝えることへ舵を切っていた。

単なる公式練習の一コマではなく、羽生の魅力を公式練習でも写すことができる――。

そう考えていたところに、飛び込んできた白い翼のバナーに、小海途はひらめいた。

「ちょうど真ん中に羽生選手が来たときにシャッターを押すことで、翼を携えた羽生選手をとらえることができると思いました」

その一瞬に狙いを定めていると、羽生がピタリと寄せてきた。そして、奇跡が起きた。

羽生は翼の真ん中に入ったとき、両手を天高く掲げたのだ。

長い手と柔らかな指先、そして視線もやや上を向けた。バナーの翼をまるで身にまと

い、いまにも飛び立とうとしているような瞬間に見えた。

「これなんですよ！　カメラマンとして身震いする瞬間は。羽生選手はこちらの想像を超えてくるんです。まるで羽生選手に翼が生えたようにポーズが決まっていますよね」

たとえ狙ったとしても、あるいは事前に被写体にリクエストしていたとしても、おそらくこの一枚は撮れないという。

自然体の羽生が呼び込んだ「奇跡のショット」だった。

小海途は写真を送信し、「この写真を使ってほしい」と自ら売り込んだ。

ファンの間でまたしても、話題を呼んだ。のちに、スポニチが正月紙面でポスターのように保存できる羽生の写真を折り込むようになるのだが、このときにも、この写真は破格の扱いで大きく掲載された。

羽生の「伝説」は、いくつかの節目とともに語り継がれることがある。

たとえば、12年3月に東日本大震災を乗り越えて初めて挑んだフランス・ニースでの世界選手権のフリーで滑った全身全霊を捧げた『ロミオとジュリエット』、爆発的な演技で史上2番目の若さで頂点に立った14年2月のソチ五輪、あるいは直前の6分間練習で海外選手と激突した手負いの状態で演じきった14年11月のGPシリーズの中国杯、世界歴代最高得点を連発して「絶対王者」として飛躍を遂げた15年のNHK杯やGPファイナル、フリーの大逆転劇で世界王者へ返り咲いた17年3〜4月のフィンランド・ヘルシンキでの世界選手権など……。

ファンには、それぞれに「落ちた」瞬間があり、一つに絞ることができないほどの数々のシーンがあるのだが、そのほぼすべてを報じる新聞のメインは記事であり、写真は象徴的なシーンをわかりやすく伝える「補完」の役割でしかなかった。

翼を携えた羽生の写真は違う。小海途は言った。

「羽生選手の記事に添えた写真ではなく、写真そのもので魅せた一枚です」

⑤変貌を遂げ始めた絶対王者の写真

「本来であれば、目に見えないものなのですが、妖気が体にまとわりつくというか、何かが漂うような感じの写真をイメージしていました」

羽生の伝説的なプログラムと呼ばれることになるフリー『SEIMEI』について、小海途はオータムクラシックに続いて2度目の演技を見ていくなかで、まずはプログラムの全貌をとらえることに注力した。

カメラマンにとっても、情報の集積は大事な作業になる。傾向を読み解くためには、過去の映像やほかのカメラマンが撮影した写真も参考になるが、それ以上に、実際の現場でレンズを向けていくことは貴重な機会になる。

小海途はこのロシア杯で、羽生の『SEIMEI』をジャッジ席上方の正面から撮影した。

正面からレンズを向けると、あることに気づかされたという。それは、いかに振り付けに工夫が凝らされているかだ。ジャッジ席に近いポジション、つまり正面から撮影した『SEIMEI』は、プログラムをどう表現しているかが最もわかりやすい。

「正面から撮るべきプログラムだとすぐにわかりました」

このプログラムをどう撮るか。

小海途は最初に明確な線引きをしなければいけないと考えた。

「このプログラムに対して、単純にスポーツをしている写真として向き合ってはいけないと思いました。

羽生選手が演じている世界観を撮りたい。憑依しているものまで、本来なら目に見えないはずのものなのですが、羽生選手はそれを演じようとしている。

それならば、カメラマンとして、憑依しているものまで映り込むような写真を撮りたいという欲求が湧いてきました。

リンクで目にした羽生選手の『ＳＥＩＭＥＩ』には、まとわりついているものを感じることができます。抽象的なのですが、羽生選手は何かを出している。それを自分はカメラでとらえることができるだろうか。そんなことを考えながら、カメラを向けていました」

羽生結弦を被写体としたフィギュアスケートの写真はこのころ、劇的に変化を遂げようとしていた。スポニチから始まったとされる「魅せる写真」の流れはやがて、ほかのスポーツ紙はもちろん、一般紙でも採用されていく。

先陣を切る小海途の背中を押したのは、社内では長久保であり、会社の外からはダイレクトに声を届けるファンの存在だった。

紙面を通じたキャッチボールしかなかったスポーツ報道において、ファンとカメラマンをつないだのはインターネットだった。

スポニチは「Sponichi Annex」というサイトを運営している。

インターネットによって、小海途は「自分の写真を発表する場が増えた」と強調する。

「紙面であれば、写真は1枚、多くても2枚しか使うことができない。でも、ネットの空間は無限に広がっています。もちろん、埋もれてしまうリスクもありますが、少なくとも一つのプログラムで7~8枚のカットを使うことができます。

そして、紙面だと、どの写真を選ぶかは、最終的にはデスクの判断になりますが、ネットでは速報性も求められるので、現場のカメラマンが先に送った写真が使われやすくなります。

しかも、反応がダイレクトに返ってくる。自分が選ぶ写真が、どう評価されるのかが明確になるわけです。オータムクラシックの写真も、ロシア杯の翼を広げた写真も、ファンの人たちが話題にしてくれて、初めて受け入れられていることがわかります。

ネットの世界では、響かない写真には批判的な声もあるわけですから、カメラマンは受け止めなければなりません。すごくシビアだけど、ある意味で、どんな写真を撮り、選んでいくのかという自分の感性が試される。羽生選手を撮るという責任感もさらに強くなっていきました」

ロシア杯を終えた羽生はその後、GPシリーズ第4戦のNHK杯、そして5連覇が懸かるGPファイナル、五輪代表選考を兼ねた全日本選手権、その後に四大陸選手権を挟むか、あるいはそのまま平昌五輪へ臨むかというスケジュールが組まれていた。

しかし、すべては一瞬で暗転した。

17年11月のＮＨＫ杯開幕を前日に控えた公式練習。

羽生は、４回転ルッツの着氷時に転倒し、右足首を負傷した。五輪出場すら危ぶまれるほどのケガだった。

後に羽生が出場する大会にはすべて帯同していくことになる小海途だが、このときは別のカメラマンが取材し、小海途は18年のサッカーW杯に向けた日本代表の取材で海外にいた。

インターネットで見た、氷上にうずくまる羽生の姿が衝撃だった。

小海途はすぐに社内のサーバーにアクセスした。そこには転倒し、その後いったんリンクを後にする姿や、もう一度戻ってくる羽生の状況がつぶさにわかるように何枚もの写真が保存されていた。

羽生はこの後、ＮＨＫ杯を欠場し、ＧＰファイナルの出場を逃した。さらに代表最終選考会となった全日本も出場がかなわなかった。

17年の世界選手権を制するなど、文句なしの実績によって2大会連続の五輪代表に選ばれた羽生は、負傷明けのぶっつけ本番で、連覇が懸かる決戦の舞台に立つことになった。

第4章

覚悟

①絶対王者、平昌のリンクに降臨

どれだけの時間が経過しただろうか。右足首を負傷した羽生はトロントへ戻ったあと、平昌五輪出場に向けて韓国へ入るまで、公の場には一度も姿を見せなかった。

日本スケート連盟を通じて伝わる状況も、決して明るい兆しが見えるものではなかった。筆者も含めた記者たちは、水面下での情報収集に動いた。

羽生のケガは、どこまで回復しているか。五輪本番に向けた調整はどこまで進んでいるか。ソチ五輪は団体戦のショートに出場し、個人戦に弾みをつけた形になっていたが今回はどうするのか。

日本スケート連盟の理事会後などに、トロントからの情報がアップデートされていないかを確認する日々に追われた。

フィギュア強化部長だった小林芳子は、いつも事前に用意したメモをポケットから取り出し、トロントから届く羽生のコメントを読み上げた。

伝わってきたのは一進一退の状況のなか、必死に復帰を目指す羽生の姿だった。

筆者も当時は少しでも情報が更新されれば、紙面を通じて読者に伝えることを心がけた。記者に取材機会がある一方で、カメラマンには撮影の機会がなかった。

小海途はこのとき、ひたすら羽生の出場がかなう日を待ち続けていた。

やがて、長い沈黙の時を経て、五輪連覇の偉業に向けた時計の針が再び動きだした。羽生は、ソチ五輪とは違って団体戦を回避し、個人戦に集中することが決まった。

2月11日。羽生がついに韓国へ到着した。

空の玄関口である仁川国際空港は、多くの報道陣でごった返していた。著者も五輪会場に近い江陵駅から「KTX」で空港へ向かうと、到着ロビーで待った。

空港内には、日本メディアだけでなく、海外メディア、さらには大勢のファンたちも待ち構えていた。

そこに羽生が姿を見せた。日本選手団の関係者が羽生に寄り添うようにガードし、日本オリンピック委員会（JOC）のスタッフが、動線の確保に努めた。

空港を出る直前、羽生は長旅の疲れがあるにもかかわらず、記者会見に応じた。

「出られない試合もたくさんありましたし、非常にもどかしい気持ちでもいましたが、できることとして陸上のリハビリや治療を必死にやってきました。

これから、試合に向けてしっかりと調整していきたいと思います。自分にうそをつかないのであれば、やはり2連覇したいと思っています。

(僕は) どの選手よりも、勝ちたいという思いがいちばん強くあると思っていますし、どの選手よりもピークまで持っていける伸びしろがたくさんある選手の一人だと思っています」

メディアが気になることに端的に答え、要領を得た羽生らしい受け答えだった。

じつはこのとき、小海途は五輪の別競技の取材現場を離れることができなかった。あとから社内フォルダで写真をチェックした。メディア対応を終えた羽生が、警備されながら歩く姿が印象的だった。

「戦闘態勢で堂々として見えました。オーラというか、王者の風格を漂わせているように僕には見えました」

12日には現地に入ってから最初の公式練習を迎える予定になっていた。

ついに始まる五輪連覇への挑戦の道のり。小海途にとっても、羽生連覇を印象づける一枚をカメラで収めることが一つの「集大成」だった。

インターネットによる記事や写真を「速報」で出すという流れは新聞社でも当たり前の

工程へと変わりつつあった。

スポニチ社内でも、羽生の動向は可能な限り、スピード感を持ってネット上にアップしていくということが確認されていた。

12日の公式練習は本番のリンクではなく、地下にあるサブリンクだった。小海途は早めにリンクへ向かった。狙っていた場所があったからだ。

昨年の四大陸選手権でもサブリンクは練習に使われていた。会場のレイアウトは頭に入っていた。

「一刻も早く、羽生選手の元気な姿をファンの人に届けたいという思いがありました。リンクに入るところを狙って、最初の一枚を送ろうと思っていました」

左胸に日の丸があしらわれた白を基調としたＪＡＰＡＮのジャージーを着用し、リンクに姿を見せた羽生は、リラックスしているように見えた。

そして、無邪気な笑顔で周囲に視線を向けた。その一瞬を小海途は逃さなかった。小海途は事前に頭の中に入れていた会場のレイアウトから、リンクインの瞬間を狙うために、リンクに出入りする扉に近い位置でカメラを構えていた。

トリミングではなく、カメラのレンズでできるだけアップで撮影したかった。狙いどおりの一枚が撮れた。

これが、平昌に来てから、初めて羽生を撮った写真だった。

大会約3ヶ月前のNHK杯で負傷し、その後は一度も公式戦を挟むことがなかった。韓国・仁川の空港に降り立った羽生は強いコメントを発していたが、それ以上のことはわからなかった。これから披露される羽生のパフォーマンスは、この五輪で最大とも言える注目を集め、ファンも動向を気にしていた。

そんな羽生の笑顔は、すなわち健在を意味した——。

小海途はそのことを一枚の写真で読者やファンに届けようとした。

さらに、この写真には、羽生がいつも携えていた〝相棒〟ではなく、ケーキの形のティッシュケースになっていることもとらえていた。

五輪は、スポンサー契約などの厳しい縛りがかかり、キャラクターなどのグッズの持ち込みが禁止されている。

羽生は演技前、リンクサイドで屈伸をして「くまのプーさん」のティッシュカバーに手を触れる。

五輪では唯一、このルーティンができなくなってしまう。

JAPAN

〝相棒〟不在は、サブリンクとはいえ、まさに五輪会場であることが、五輪マークを写真の中に入れなくても、わかる貴重な情報なのだ。

ケガから復帰した羽生が健在で、五輪の舞台に立つ――。小海途は「この2つの要素を一枚の写真で表現できたところに意味があったと思っています」と振り返る。

インターネットによる速報が本格化した五輪でもあった。

小海途もこのときの写真は「速報」を意識していたという。撮影すると、すぐにPCに取り込んで東京の写真部へと転送した。

五輪に向けた戦闘モードの羽生ではなく、フィギュアスケートの競技すらしていない「かわいい」と評されるような笑顔の写真だ。

従来のスポーツ報道では「正解」とは言えない写真だったかもしれない。

羽生が健在ならば、リンクで滑っている写真のほうが説得力があるというデスクもいるかもしれない。

ジャンプを跳んでいる写真こそが、復帰を物語るだろうと、笑顔の写真は突き返されたかもしれない。

実際、筆者を含む記者たちは、羽生がどんな練習をするのか、その中身を伝えるべく、必死にペンを走らせていた。

たった一つの転倒でも、ケガの再発を引き起こしかねないような緊迫の雰囲気に包まれたサブリンクで、羽生は慎重にジャンプを跳んでいた。

アクセルを除いたジャンプは、8本のうち7本が1回転だった。2回転はトウループ1本のみ。3回転は、最後に跳んだトリプルアクセルのみだった。

入念に氷の感触を確かめ、10本のジャンプを跳んだ羽生はわずか15分という異例の短い調整でリンクを後にした。

記事と写真をリンクさせるのであれば、小海途が撮影した写真はその場に馴染んでいなかったかもしれない。

小海途も「少なくとも、スポーツ新聞がこれまで載せてきた写真ではないですね」と認める。

「でも、僕自身は、それ（従来の写真）がいいとは思っていません。長久保さんはよく、インターネットで羽生選手の写真を検索しています。

ファンの人たちがどんな評価をしているのか、どんな写真が受け入れられているのか。当時の僕はまだそういうことはしていませんでした。そこまでの余裕もありませんでした。

そのときはただ、『周りのカメラマンよりもいい写真を撮ってやろう』とだけ思っていました。何より、自分が納得できる写真というものと向き合っていましたが、長久保さんは、そんな僕に教えてくれていました。羽生選手の『かわいい写真』『美しい写真』が、ファンの心をつかむ、ということを」

もちろん、読者にウケるから、ファンに支持されるから、ということを最初から念頭に置いた写真ではない。媚びるような、見せかけの写真は受け入れられない。だからこそ、小海途は自分が納得できる写真を狙い、結果としてファンに支持される流れを理想とする。では、小海途はこのとき、かわいい表情の羽生をなぜカメラに収めたのか。

「美しい、あるいはかわいいと言われるような写真を、羽生選手は、こちら側に『撮りたい』と思わせるんですよね。それが羽生選手の不思議な力ともいえます。

戦うときの真剣な眼差しの写真もカッコいいのですが、ふと素に戻ったような自然体の表情にも魅力があります。現場でレンズを向けていると、思わずシャッターを押したくなります。競技中や、ジャンプを跳んでいるときなど、スポーツ報道に必要な要素を度外視してでも、撮りたくなる瞬間があります。

なかなか、ほかのアスリートからはそういう衝動が湧いてこないものなのです」

最初の一枚を納得のいく形で出稿した小海途は同時に、身の引き締まる思いに駆られていく。

羽生が五輪会場のリンクで滑るということは、その先に結果が出るということを意味する。男子史上66年ぶりの五輪連覇。冬季五輪の担当を言い渡されてから、ずっとその瞬間だけをイメージしてきた。

小海途は言う。

「オリンピックが終わった直後には、羽生選手に関する100枚くらいの写真を多くの人が目にすると思います。

だけど、1ヶ月が経ち、1年が経過していくなかで、写真はどんどんふるいにかけられていきます。

スポーツに限らず、過去の出来事を振り返るときの写真もそうですよね。事件や社会現象、どんな場面であっても、最後は1枚になると思います。みなさんの印象に残っているアスリートの金メダルの瞬間だって、イメージする写真はほとんどの人が同じはずなんです。

『誰もが頭に浮かぶ写真、最後まで残るような写真を絶対に撮りたい』と思って僕は平昌に来ました。羽生選手が金メダルを獲る想定しかしていませんでした。そして、連覇にふさわしく、象徴的な写真を自分が撮りたいと思いました。

10年後も、20年後も、羽生選手の歴史を振り返るときに、平昌オリンピックの連覇の写真といえば、僕の写真があがってくるようなシーンを撮りたかったんです」

小海途は普段は決して口数の多いカメラマンではない。自己を顕示するような言葉も聞かない。そんな小海途が平昌五輪を振り返るときの口数はとても多い。

そこにあるのは、自信ではなく、重圧に対する怖さだという。

「羽生選手を撮るという行為は、彼の存在の大きさを知れば知るほど、怖くなっていきます。正直、ワクワクしながら現場でカメラを向けるような心理状態には、おそらくこの先もなれないと思っています。

それは、いい写真を撮れないんじゃないかという怖さです。羽生選手の表現した世界観、完成度の高いプログラムとしての作品を、自分は写真に収めることができるのだろうか。そういう怖さですね。しかも、羽生選手は練習でも、本番でも何をしてくるか予測がつきません。

ただ言えることは、いつも、我々のイメージを超えてくるということです。そんなサプライズが目の前で起きたとき、こちらは対応できるのかという怖さがあります。

　写真の扱いも別格のように大きく、これまでとは違う読者層の目にもとまる。ごまかしも利かないですよね。ほかのメディアのカメラマンとの競争もあります。従来、僕は自分自身と向き合って写真を撮ってきました。

　だけど、羽生選手の写真に関してだけは譲れないものがあります。羽生選手の五輪連覇の象徴的なシーンを撮るのは僕でありたいと思っていました。

　ほかのカメラマンと同じ土俵で戦おうとは思いませんでしたが、評価という軸で言えば、僕は競争を好みます。そこは自分のモチベーションの一つでもあります。

　周りのカメラマンを意識していますし、当時は『東京のスポニチ』にも意識が向いていました。当時の僕はまだ大阪から来た外様というふうに見られていたと思いますし、会社の人たちをあっと言わせることができるような写真を撮っていかないといけない立場でした」

　小海途はいつも言う。

「僕よりもうまいカメラマンはたくさんいます。そもそも、僕は自分が写真を撮ることはうまいとは思っていません」

だからこそ、負けん気の強さを消化するには、写真のうまさではなく、表現で勝負するという選択しか残らない。

「写真はうまくないけど、いい写真を撮るカメラマンでいたいとは、ずっと思っていました。

サッカーに例えるならば、ドリブルやシュートなどの技術に秀でている選手を集めたチームが、必ず勝つわけではないのと同じで、カメラの世界でも技術で劣っていても、勝つことはできると信じています。

だけど、なかなか納得のいく写真は撮れないんです。ほかのカメラマンの写真を見ると、全部がよく見えてしまいます。自分が撮った写真は後悔ばかりです。

失敗したことがよく夢にも出てきました。羽生選手がすごいことをやってのけた瞬間が撮れていないとか、そんなことがあるとは知らずに現場にいなくて慌てふためくとか。悪夢しか見ないです。そんな心理状態で戦っていました。

ただ、みんなが似通った写真を撮る傾向にあるから、僕は違う方向から『いい写真』にアプローチしようと考えていました。そうすれば勝機はある、と」

平昌で撮った最初の一枚には、手応えもあった。

すでに書いたように、羽生はこの日、10本目のジャンプでトリプルアクセルを跳び、公式練習はわずか15分で切り上げた。

会社から派遣されている小海途には、五輪という記録を残すという使命もある。だから、羽生の練習風景にもレンズを向けた。

復帰した羽生のジャンプはどんなものか――。これは一つの大きな注目点だった。あのときの小海途の心境はどうだったのか。現場の記者たちが羽生のジャンプを目で追い、メモを取る姿を横目にこう思っていたという。

「ジャンプが跳べたかどうかは、あくまで証拠写真としてあればいいという感覚でした。最初の公式練習でどんなジャンプを跳ぶか、あるいは跳ばないかも含めて、羽生選手のなかには、連覇への道筋のなかで戦略が描かれていたと思います。

だから、この日のジャンプはあくまで一つの要素ではありましたが、跳んだか、跳ばなかったかは記事でもわかります。だったらどんなふうに仕上げてきたのかを体のラインや表情から読み解けないか、という視点でカメラを向けました」

小海途は驚くことにジャンプではなく、羽生が氷上に図形を描くように滑る「コンパルソリー」を行なっている場面を収めた。

JAPAN
PyeongCh

「これは、現場にいた僕の感覚なのですが、コンパルソリーの動きを見たときに、ケガからの復帰が大丈夫そうだと思えました。もちろん、僕はスケートのプロではありません。ただ、羽生選手の表情が笑顔だったんです」

平昌五輪へ向けた明るい展望を物語る笑顔でコンパルソリーの動きを見せた一枚はしかし、翌日の紙面を飾ることはなく、後に発売される写真集までお蔵入りした。

②弓を引く羽生が見せた闘争心

18年2月13日。羽生がついに五輪のメインリンクへ姿を見せた。

右足首の負傷で、ここまで4ヶ月も実戦から離れていた。前日のサブリンクで笑顔を見せた羽生はこの日、ジャンプで順調な回復を見せつけた。

フリー『SEIMEI』の曲を会場に流して滑り、4回転ジャンプを5本跳んだ。

小海途はこのとき、鬼気迫る羽生の表情をダイナミックな動きとともにとらえた。

『SEIMEI』には代表的なシーンがいくつもある。その象徴は冒頭で、羽生が演技の最初につくるポーズだ。

五輪連覇に導いた伝説のプログラムは、羽生自身もよくこのポーズをファンやメディアの前で見せることがあり、プログラムの代名詞にもなるほどの場面になっている。

この日、『SEIMEI』を滑ったことを伝えるには、最も象徴的なシーンでもある。

「あの場面は、みんなが撮るとわかっていました。だったら、スポニチのウェブや紙面を見てくれる人には、ちょっと違う写真を見せたいと思いました。会社にもそういう写真を使ってほしいと思っていました」

この日、『SEIMEI』を滑ったことを伝えるなら冒頭のシーン、4回転をきれいに跳んだことを伝えるならジャンプのシーンを使うことがセオリーだ。

加えて、この日はメインリンクでの公式練習後、羽生が会場内で記者会見に応じることがアナウンスされていた。

平昌五輪の目玉となるスケーターゆえに、ウェブはもちろん、紙面でもかなりのスペースを割くことになる。メインリンクでフリーを滑り、4回転ジャンプを跳び、会見時の表情を収めた3枚を使うことがスポーツ報道の視点としてはふさわしいはずだ。

しかし、小海途が会社に送信したフリーの写真は、演技の中盤あたりにさしかかったときの一枚だ。ステップに入る前、羽生が弓を引く動きを見せる場面がある。

小海途にこの意図を確かめると、熱を帯びた言葉が返ってきた。

「あの場面は、羽生選手の顔から闘争心を感じることができました。これから始まるオリンピックで連覇と向き合うスケーターの心が演技を通して表われているように見えました。僕のポジションからは、背中越しにレンズを向けていました。だから、正面からの写真ではないのですが、横顔からでも充分に闘争心が伝わってきます。

僕は羽生選手を撮るとき、『彼の美しい体のライン』を撮りたいという欲求があります。この写真は、鍛え上げた臀部の筋肉もよくわかり、背中のラインも美しく収めることができました。

報道の目線では、ジャンプが必要な要素ですが、『闘争心』と『美』は、あのときの現場でカメラを向けた僕にとっては絶対に欠かせない要素でした」

五輪会場であることを伝える五輪マークもあえて外した。誰もが羽生が五輪会場で滑っていることはわかる。五輪会場で滑っているという雰囲気よりも、羽生が闘争心を持って滑っている雰囲気を伝えることを優先したのだという。

スポニチは翌14日付の紙面で、羽生を一面で扱った。

「決めた4回転5発!!　羽生　絶対勝てる」という大きな見出しとともに、闘争心をみな

スポーツニッポン

http://www.sponichi.co.jp/

2018年（平成30年）2月14日【水】 第24715号 11版B☆

メインリンクで40分!!ジャンプ計21本

スポニチ

羽生 絶対勝てる

決めた4回転5発!!

16日SP 17日フリー

右足首の負傷から復活を期すフィギュアスケート男子の羽生結弦（23＝ANA）が13日、江陵アイスアリーナの本番リンクで初練習を行った。前日のサブリンクの練習では跳ばなかった4

2018 平昌五輪 スポニチ臨時支局 第5日

ャンプを計5本着氷し、復ピール。ジャンプ構成は難易度を下げる方針で「クリーンな演技」で男子66年ぶりの五輪連覇を目指す。16日にショートプログラム（SP）が行われる。【平昌五輪ワイド2～5・社会面】

トーループとサルコー

2種類4本構成 理想より基礎点が13点超下がるも「世界最高」より上

右足故障の影響は感じられなかった まずSPはループを外して難易度落とし戦う 判断でも十分「金」を狙える

「センバツ特集号」明日発売

オールカラー44㌻

ぎらせた羽生がダイナミックに弓を引く写真がメインで使われた。その傍らに4回転ジャンプの連続写真を使い、バランスを取った。

そして、羽生は直後に行なわれた記者会見で、あらためて連覇が懸かる五輪への強い決意を表明した。

「ケガをしてから、スケートを滑ることができない日々を過ごしていましたが、今日、こうして無事にオリンピック会場のメインリンクで滑ることができてうれしく思っています。もちろん、まだ気を緩めるつもりはありません。

しっかり集中して、できることを一つずつやっていきたいと思っています。それから、ケガをして苦しい時期、たくさんの応援メッセージをいただきました。みなさんからいただいたメッセージの力も借りて演技につなげたいと思います」

冒頭で自らこう語った羽生は、会見のなかで報道陣からリハビリ中のことを質問されると、天を仰ぐような格好でしばらく、思いをめぐらせるシーンがあった。その羽生の表情を向かって左斜めからレンズを向けていた小海途には、このときの横顔があまりにも印象的だったという。

メインリンクで収めた弓を引くポーズよりも、4回転の連続写真よりも、小海途は「こ

JAPAN

の日の写真といえば、リハビリ中のことをどう答えるか、沈黙のなかで考えをめぐらせていた羽生選手のこの場面を思い出します」

羽生がその後に苦労のエピソードを紡いだ言葉よりも、羽生が見せた一瞬の表情が、リハビリに励んだ日々の苦悩を物語っていた。

詳しいリハビリのディテールは、やがて記者が取材して、ネットの速報や翌朝の記事にする。実際、筆者も取材の過程で、羽生がいかに苦しい時期を過ごしてきたかを知った。「調整法も含めて、（右足首の負傷によって）練習ができない間、いろいろと書籍や論文などでも勉強していました」と話した羽生は、ケガを嘆くのではなく、勝つための思考をめぐらせ、できることのすべてと向き合っていた。

氷上での練習ができないのであれば、本番で演じるショートとフリーの曲を流しながら、上半身だけの動きを繰り返した。右足首が絶対安静であっても、上半身のインナーマッスルが衰えないようにゴムチューブなどを使って鍛えていた。

記者たちが羽生のたゆまぬ努力を掘り起こして記事を書くのに対し、カメラマンにできることは何か――。小海途は、羽生がリハビリの軌跡を表情で語る瞬間を収めることだと考えた。このときの会見写真は、スポニチ紙面で3枚が掲載されている。

3枚を連動する形で、会見の羽生に動きを持たせているが、小海途は「同じように並ぶ3枚ですが、僕の思いはまったく違います」と打ち明けた。

それだけ、羽生が天を仰いだ一瞬の表情をとらえた写真には、強いこだわりがあった。羽生は韓国に入り、現地の五輪リンクでの練習を終え、国内外のメディアの前で記者会見にも応じた。五輪前のすべてのミッションを完了させた羽生が、いよいよ五輪連覇の偉業へと向かっていく。

③「表情」だけで伝えた圧巻のショート

18年2月16日の演技は、これぞ絶対王者のスケートだった。ぶっつけ本番で迎えた五輪の大事なショート。羽生は自らが「大好き」と話すショパンのピアノ曲『バラード第1番』で復活劇を印象づけた。

世界歴代最高得点を塗り替えてきた必勝のプログラムで、冒頭の4回転サルコウを鮮やかに跳んだ。3点満点のGOEは2・71点を獲得。いかに高いクオリティで成功させたかを裏付けた。残る2つのジャンプは基礎点が1・1倍になる演技後半。まずは得意のトリプルアクセルを決め、最後に4回転―3回転の連続トウループを両手を上げる難度の高い着氷で成功させた。トリプルアクセルのGOEは3点満点で、コンビネーションジャンプも2・57。演技終盤の複雑なステップはピアノの旋律に合わせ、華麗なスピンも健在だった。まさに圧巻の演技に呼応するように、観客席から揺れる無数の日の丸とアリーナ全体を包み込むような大歓声が響く。

2位に4点差以上をつけた111・68点をたたき出した。

堂々のトップに立ち、五輪連覇へ大きな弾みをつけた。

演技を終えた羽生は右手を胸に当て、笑顔とも安堵ともいえる表情を浮かべた。小海途はこの瞬間を収め、スポニチは1面に掲載した。

このときのスポニチ紙面は、ほかのスポーツ紙と同じく羽生一色だった。

1面に加え、ページをめくった2面、3面でも羽生の記事と写真が掲載された。1面はスポーツ紙の「顔」となる、その日の紙面で伝えたい最大のトピックスを大きく派手な見出しとともに取り上げる。

ショート後の会見で羽生が発した「僕は五輪を知っている」という明言とともに、「羽生首位　ぶっつけでも凄い!! 強い!!」「66年ぶり連覇〝王手〟今日13時43分伝説フリー」

スポーツニッポン
http://www.sponichi.co.jp/
2018年（平成30年）2月17日【土】 第24718号 11版B

66年ぶり連覇"王手"今日13時43分伝説フリー

スポニチ

羽生 SP首位

「僕は五輪を知っている」

ぶっつけでも凄い!! 強い!!

フィギュアスケート男子ショートプログラム（SP）が16日、江陵アイスアリーナで行われ、五輪男子66年ぶりの2連覇を狙う羽生結弦（23＝ANA）は自身の持つ世界最高得点に1・04点に迫る111・68点をマークし、首位発進した。右足首の負傷後、約4カ月ぶりの復帰戦で、4回転2つを含む3つのジャンプを完璧に決める驚異的な滑りを披露。先行逃げ切りした14年ソチ五輪に続く金メダルが見えてきた。【平昌五輪ワイド2～6・社会・芸能・終面】

2018 平昌五輪 スポニチ臨時支局 第8日

男子SP上位成績

	1位	2位	3位	4位
	111.68点	107.58点	104.17点	103.32点
解釈	9.75	9.68	9.21	8.61
振り付け	9.75	9.68	9.29	8.54
身のこなし	9.86	9.71	9.25	8.82
技のつなぎ	9.43	9.36	9.00	8.29
スケート技術	9.71	9.36	9.29	8.79
ステップ	[illegible]	[illegible]	[illegible]	[illegible]
スピン	12.99	12.40	12.77	12.28
ジャンプ	44.19	41.59	40.99	42.69
	羽生結弦（ANA）	フェルナンデス（スペイン）	宇野昌磨（トヨタ自動車）	金博洋（中国）

演技力 技術点

復活 ただいま

五輪に羽生が帰ってきた。さらにたくましくなってリンクに帰ってきた。10月のロシア杯以来118日ぶりの実戦で、完璧な滑りを終えると、王者はつぶやいた。「ただいま」。五輪は羽生を温かく迎えてくれた。

ショパンの「バラード第1番」のピアノの調べに乗って、冒頭の4回転サルコーを華麗に決めた。さらにトリプルアクセルに成功。4回転―3回転の連続トーループを降りると、両拳を力強く握った。3つのジャンプは全てGOE（出来栄え評価）で2・5点以上を稼ぐ完璧な出来。理想の構成からループを外して難易度をやや落としたが、同じ構成で臨んだ9月のオータム・クラシックでの世界最高得点に1・04点に迫る圧巻の内容だった。

「ケガなく滑れることが楽しいし幸せを感じながら滑りました。とにかく満足しています」。驚異的な回復力だ。11月に右足首を捻挫して2カ月間氷に乗れず、4回転ジャンプの練習を再開したのはわずか3週間前。一時は「治るのか」と思い詰めるほど深刻だった右足首の負担を考慮し、練習ではジャンプの本数を制限していたという。韓国入り後の練習でも多い時で1日21本。1回転ばかりを繰り返す日もあった。数を跳べない分はイメージトレーニングで補ってきた。「サルコーやトーループやアクセルは何年もつきあってきたジャンプ。体や脳が覚えていた」。調整法も通信制で学ぶ早大の論文を読み込んで見直してきた。朝の練習では4回転サルコーが低調で「若干不安があった」が、試合で引きずることはなかった。具体的な調整内容は明かさなかったが、「試合に出られない時に勉強してきました」と胸を張った。オーサー・コーチは愛弟子を「本当に誇りに思う。彼はイメージトレーニングやメンタルトレーニングをかなりやっていた。そこが大きかった」と絶賛した。

痛み止めを打ってでも出場しようとしたNHK杯は涙を流して棄権を決断した。あれから3カ月。12月の全日本選手権も五輪の団体戦もスキップして、試合勘を犠牲にしてでも回復に時間を割いた作戦はまずは成功した。

ソチの雪辱へ

2位のフェルナンデスとは4・1点差。「明日の調子次第で構成は決めたい」とフリーでは無理して高難度のジャンプ構成に挑まなくてもいい位置につけた。「大きなことを言うと言われるかもしれないけれど、僕は五輪を知っている。（ソチ五輪の）フリーのミスが4年間悔しくなった一つの原因だと思っている。（フリーの）リベンジをしたい」。リチャード・バットン（米国）以来66年ぶりの2連覇へ。羽生には大きな五輪の舞台がよく似合っている。（柳田 博）

4カ月ぶり復帰戦で 4回転2つ完璧成功

自身の世界最高迫る 「とにかく満足」111.68点

演技を終え笑顔の羽生（撮影・小海途良幹） オーサー・コーチと抱き合う 冒頭に4回転サルコーを決める

フリー転倒も逃げ切り金

▽羽生の14年ソチ五輪 SPで101.45点をマーク。史上初の100点超えとなる世界最高得点で首位に立った。フリーでは冒頭の4回転サルコーで転倒などのミスがあったが、178.64点をマーク。合計280.09点で同種目日本人初となる金メダルを獲得。また、19歳69日での同種目金メダル獲得は史上2番目の年少記録となった。

▽バットンの五輪2連覇 16人が出場した48年サンモリッツ大会では、規定を1位通過すると、続くフリーはジャッジ9人が最高得点をつけて18歳で初優勝。22歳で迎えた52年のオスロ大会では規定、フリーともにジャッジ9人が全て最高得点をつける完全優勝で2連覇を達成。20、24、28年に3連覇したグラフストローム（スウェーデン）、32、36年に2連覇したシェーファー（オーストリア）に続き、男子シングルでは3人目の連覇達成だった。

あす8年GI開幕戦フェブラリーS枠順確定

と強さを強調し、翌日の連覇へのカウントダウンが始まったような扱いになっている。

驚くべきは、この日の1面のメイン写真では、羽生が滑っているシーンが使われていないことだった。それればかりか、スケート靴すら写っていない。

さらには3面で、コーチのブライアン・オーサーと抱き合ったシーンの羽生の歓喜の表情だけを切り取った写真を掲載した。

スポーツ紙は奇数面で写真を見せることが慣例となっている。1面、3面の写真は、復活劇を遂げた羽生の豊かな表情をとらえていた。

いずれも小海途が撮影した写真だ。3面で羽生が白い歯をのぞかせ、目尻が浮き出るほどの笑顔を見せた写真が、小海途のお気に入りの一枚だ。

「連覇に向けた勝負のショートを終え、羽生選手はおそらく一瞬だけ、緊張感が解けたのだと思うんです。

もちろん、フリーを残していますから、そう見えただけかもしれません。ただ、ショートをほぼ完璧に滑り終えて、『強い羽生結弦、絶対王者の羽生結弦が連覇を果たすためにオリンピックに帰ってきたぞ』ということを印象づける一枚になったと思います」

世界が注目したショートで、羽生はサルコウ、トウループの2種類の4回転ジャンプを成功させた。

とくに冒頭の4回転サルコウは当日朝の公式練習でも10本続けて試みるなど、ショートト、もっと言えば五輪連覇の鍵を握るほど大事なジャンプだった。この日のショートでトップに立った原動力も、2つの4回転ジャンプの成功にあった。

しかし、小海途は言う。

「スコアとしての得点源であるジャンプに、カメラマンとしてどこまで固執するか。僕はそこを考えました。もちろん、演技中はレンズを向けて追いかけるわけですから、羽生選手の4回転にもシャッターを何度も押しています。

『しっかり入れてきたな』『やっぱり、すごいな』という感情を抱いていました。ある意味では観客のような視線を向けていました。

羽生選手がジャンプを決めていくと、それに合わせて僕の熱も高まっていきます。ジャンプの成功は、僕にとって『もっといい写真が撮れる』というモチベーションになってくるので、すごくプラスの面があります。

ですが、羽生選手のこの日のショートを表現する写真はジャンプではないと感じていました。ですから、驚かれるかもしれませんが、僕はショートの演技のとき、ジャンプの写真は最初から一枚も送るつもりはありませんでした。

結果として、連続写真に使われましたが、僕は、オリンピックで見せた羽生選手の感情が浮き彫りになったシーンのほうが伝えるべき写真だと思っていました」

このシーズンの羽生の初戦となったオータムクラシックで、小海途の写真を推してくれた部長の長久保の存在も大きかった。小海途が変えようとしているフィギュアスケートの写真を支持し、その意識を社内のデスクたちにも浸透させてくれた。

「羽生選手の演技は、これまでの大会や世界選手権でもたくさん撮影の機会がありました。オリンピックは集大成の舞台でもあるわけですから、演技にフォーカスして撮影するというのもセオリーかもしれません。ただ、僕はオリンピックで羽生選手が見せる表情やしぐさなど、演技の枠の外を、そして羽生選手の内面を撮りたいと思っていました」

本来のスポーツ報道写真の指標からは、大きく外れた思考ともいえた。

小海途が送信した2枚の写真は、いずれもボツにされていてもおかしくなかった。代わりにジャンプの写真を送れという指示があっても不思議ではない。

実際、小海途も、とくに1面の写真は「もっと演技の力強さがわかる写真を送り直すように言われるかもしれないと思っていました。意外でした」と振り返る。

ケガを乗り越え、ぶっつけ本番の演技でショート首位に立つ会心の演技を披露した羽生が見せた「ほっとした表情」には、これまでの羽生の軌跡とカムバックを果たした心情が確かに読み取れる。

大胆な紙面展開の背景には、社内の雰囲気が少しずつ変化していたことが影響している。長久保の後ろ盾もあり、小海途が撮りたい写真を表に出す機会は増えてきた。呼応するようにインターネット上でファンの称賛を浴び、その反響から紙面でも「小海途の写真」は異質ながらもスポーツ新聞の報道写真として受け入れられるようになってきていた。

「フィギュアスケートの写真といえば、演技をしたり、ジャンプをしているシーンであって、演技の前後や、ふとした瞬間に見せる表情をとらえた写真は、少なくともスポーツ報道の写真としては受け入れられませんでした。

だけど僕は、垣間見えた表情にこそ、写真だから表現できる羽生選手の心情があると思っています。それを会社が受け入れてくれるようになっていきました。

長久保さんのおかげもありますし、従来の考えから柔軟に対応してくれるようになったデスクもそうですし、僕の写真でスポニチの紙面を差別化していこうと、『写真と原稿は別物でいい』と理解してくれたペン記者の人たちもそうです。

少しずつ変わってきて、五輪本番で使う写真にも変化が生じたのだと思います」

そんな小海途だが、現場から戻ったあとに驚きと後悔の念にかられる時間があるという。それは、羽生の写真を一枚ずつ見返す日課のときだ。

カメラマンは一つの演技で1000回近く、シャッターを押す。

インターネットの速報や翌日の紙面に掲載する写真を選ぶ際は、一枚一枚すべてチェックしていると時間がかかるため、いい「絵」が撮れていそうだと直感的に思った写真だけを確認している。

小海途はセレクトした写真を会社に送信したあと、自分が撮影した1000枚近い写真をあらためて見返すようにしている。

そして、新たな羽生の姿を発見することがよくあるという。

「撮影時には気がついていないけれど、一枚一枚丁寧に見返していくと、思いがけないカットに出合う、ということがよくあるんです。これは、羽生選手が演技のすべての一瞬にこだわっているからだと思うんですよね。流れのなかでは見えていなかった瞬間が、写真として切り取ることによって浮かび上がってくる。そんな写真が撮れていたときは、自分で撮ったというよりは、羽生選手に撮らせてもらった、という感覚になります」

だからこそ、日々の見返しがルーティンになっている。

そんなどん欲な小海途の写真を使ったスポニチの紙面は、ショート首位の羽生を、「表情」を柱とした写真で日本に伝えた。

しかし、紙面に掲載されたすべての写真がプランどおりに撮影できたわけではなかった。

④金メダルだけを信じて決めたフリーのフォトポジション

小海途はショートのフォトポジションをどこにするかで迷っていた。

五輪では、フォトポジション取りから静かにカメラマンの勝負が始まっている。小海途の予想どおり、日本のスポーツ紙はリンクサイドには入ることができなかった。

小海途は、この五輪のすべてをフリーの写真に賭けていた。

そうはいっても、ショートをおろそかにしたわけではない。フリーを考えながら、ショートはどのポジションからどんな写真を狙うかを熟考していた。

リンクサイドに入れなかった数多くのカメラマンが撮影できるのは、観客席があるスタンドに限られる。

リンクの四方に設置されるフォトポジションを、時計の針でたとえる。ジャッジ席がある位置を時計の12時だとすると、ジャッジ席に向かって右側が3時、左側が9時、反対方向が6時の方向になる。カメラマン席があるのは、大きくはこの4地点で、実際には12時の方向だと11〜12時、同様に9時の方向も9〜10時くらいと、ある程度は幅を持たせたエリアをまずは抽選で決め、決まったエリアのなかで当日、先着順で席を取ることができる。

12時の方向は、スケーターがジャッジに向けて演技するため最も見栄えがよく、カメラマンのポジションとしても人気が高い。一方、ジャッジ席の反対側になる場所は人気が低い。あとは3時と9時の方向へ割れる。

小海途がフリーで狙っていたのは、9時のポジションだった。ここには、明確な狙いがあった。

小海途はフィギュア担当になってから、羽生が連覇を果たすシーンだけを常に念頭に置きながらカメラを向け続けた。

五輪シーズンにケガをして実戦から離れるアクシデントに見舞われても、それは変わらなかった。

そして、五輪連覇を果たした羽生を最も象徴づけることができ、後世にまで残せる写真とは何かに頭をめぐらせてきた。

自らが撮影できた大会は17年2月の四大陸選手権、3～4月の世界選手権、4月の世界国別対抗戦、そして五輪シーズンのオータムクラシックとGPシリーズのロシア杯の5大会のみ。場数が足りていなかった。

そこで小海途は、会社が保存しているアーカイブ写真を見直した。

羽生は過去の大会で、どんな演技をし、どんな表情を見せてきたのか。テレビなどの映像、スポニチが契約する外電写真にも、くまなく目を通した。

一枚の写真が目にとまった。

16年3月30日。ロイター通信が配信してきた、アメリカのボストンで開催された世界選手権のショート直後のシーンだった。

あのとき、羽生は自己ベストに肉薄する110・56点をマークし、堂々の首位スタートを切った。

演技を終えた羽生は、雄叫びを上げて闘争心を前面に出した。やりきったという達成感と、これぞ羽生結弦の演技だという自負、プライドのすべてがにじんだ表情だった。

小海途はこのときの羽生の表情をとらえた写真に引き込まれた。９時の方向から撮影された写真だった。

「僕が過去の羽生選手の演技を振り返ったなかでは、このシーンに最も羽生選手の感情が出ていたと思いました」

自社も含め、ほかにもこのシーンの写真がないかを調べたが、見当たらなかった。

なぜ、ロイター通信のカメラマンはこのシーンを撮れたのか。

一つの仮説を立てた。

ロイターのカメラマンは、ジャッジ席側の正面ではなく、〝押さえ〟でここに陣取っていたのかもしれない。ゆえに、他社はこのシーンを撮れていなかったのだろう。

写真だけでは前後の流れがわからない。小海途は映像でその瞬間を見返した。

羽生は正面を向いてフィニッシュし、直後に９時の方向へ滑りだして感情を露わにした。

感情が爆発した無意識の状態のとき、人はまた同じような動きをするのではないだろうか。であれば、羽生が五輪のフリーで連覇を決める会心の演技で見せたとき、もう一度、この角度で羽生の感情が弾ける瞬間を撮れるかもしれない。

世界選手権のショートではなく、五輪連覇を引き寄せるフリーとなれば、その表情はさらに印象的なものになってもおかしくない。

あらためて五輪で披露するフリー『SEIMEI』の羽生の演技を見返してみた。すると、羽生はまず、正面に向かってフィニッシュポーズを繰り出す。天に向かって人さし指を突き上げるシーンは、確かに五輪連覇の羽生の象徴になるだろう。

しかし、もっと感情が爆発したシーンはないか。その後、9時の方向に滑りだした直後にボストンのショートのときのようなシーンが再現されるとすれば——。

五輪連覇をたぐり寄せた演技の直後に、どのポジションから撮影するか。やはり、9時の方向に見せる表情のほうが圧倒しているはずだ。

小海途は腹をくくった。

「正面に陣取っていれば、もしも会心の演技ではなくても、何かしらの写真は撮れたと思います。だけど、そんな気構えで羽生選手の演技と向き合っているようでは話にならないと思っていました。

僕は、羽生選手が勝つという想定しかしていませんでした。フリーで金メダルを決定づける会心の演技をやってのけることしかイメージしていなかったわけです。それは、スポーツ新聞の報道カメラマンとしては失格かもしれません。だけど、羽生選手は、勝つという一点に賭けるだけの価値があるスケーターであり、平昌オリンピックは、そういう場面だということに疑いはありませんでした。

カメラマンとして勝負したいと思ったんです」

羽生は必ず勝つ――。

そして、その先に珠玉の一枚をとらえる瞬間が待っている――。

だからこそ、ショートのポジションでは悩んだ末に、フリーの〝予行演習〟も兼ねて、同じ9時の方向からカメラを向けるという選択をした。

ショート当日は公式練習の撮影でサブリンクに顔を出し、すぐに狙っていたポジションを取るためにメインリンクのスタンドへ走った。

しかし、アクシデントが発生した。フォトポジションの四方向は抽選で決まるが、そのなかでどこから撮影するかは、先着順になる。だから、小海途はサブリンクの練習を終えると、真っ先に向かったのだったが、小海途が狙っていた8時の方向に最も近いカメラマン席の最前列に一般紙のカメラマンが座っていた。

仕方なく、その後ろにカメラを置くと、そのカメラマンが振り向いてあいさつをしてきた。拍子抜けするような言葉を耳にした。

「僕、フィギュアの写真を撮ったことがないんです」

おそらく、五輪取材班のカメラマンとして組み込まれ、いきなり羽生のショートの撮影に配置されたのだろう。表情からも困惑の様子が見て取れた。

フィギュア取材の勝手がわかっていないから、サブリンクでの公式練習は撮影せず、会場となるメインリンクに早めに入っていたのだろう。

結果、小海途はフリーを見据えて理想と考えていたポジションよりも1列後段から撮影をすることになった。そのことで、紙面に掲載されたショートのときに使用されたメインの写真3枚のうちの1枚が、意図せずに「黄色」を写真に取り込む結果になった。

どういうことか。羽生がオーサーと抱き合う直前に見せた歓喜の表情を浮かべた「3面」の写真をよく見ると、写真の下のほうが黄色を帯びている。

9時の場所のいちばん8時寄りのポジションは、右側が観客席の通路になっていた。オーサーと抱き合う羽生をカメラでとらえた瞬間、隣から黄色い影がレンズをさえぎった。演技後に通路を駆け下りてきた観客が手にしていた「くまのプーさん」のぬいぐるみの影響だった。

「最前列を確保できなかった自分が悪いのですが、クリアな写真にならなかったことはすごく後悔しています。

いまだから、こうやってインタビューに答えて、こうして舞台裏を明かすことができますけど、その日の結果は、自分が撮影した写真がすべてですからね」

会社に連絡すると、「ちょっと黄色がかぶっているなあ」と、やはりデスクの反応が芳しくなかった。しかし、このときも長久保の感性は違った。

「黄色がかぶってるけど、これでいこうか」

羽生が見せた歓喜の表情には、それだけのインパクトがあった。だからこそ、黄色がかっていたとしても、推してくれた。

じつはこのとき、小海途はファンによって〝撮らせてもらえた〟会心のショットもレンズに収めていた。

演技を終えた直後、歓喜に沸いたリンクに「くまのプーさん」のぬいぐるみがいくつも投げ込まれた。その一つが、小海途のレンズの視界を一瞬、遮った。

しかし、それは予期せぬほど巧妙な一枚となった。

演技を終えた羽生がリンクでうつむきながらたたずむような時間があった。

PyeongChang 2018
GO YUZU
PyeongChang 2018
PyeongChang 2018
PyeongChang 2018
PyeongChang 2018

そのときの羽生の表情を狙っていたとき、プーさんが投げ入れられた。レンズに最も近い場所で透明の袋に入れられたプーさんのぬいぐるみがアップに写り込み、羽生の背景には「PyeongChang」のロゴと五輪マークも映り込んでいた。

「偶発的に撮れた一枚ですが、おもしろいアングルになったなと思いました」

この写真は、3面でオーサーのもとへ駆け寄る羽生のメイン写真の横に添えられた。

小海途は宿舎に戻り、一人でPCを開き、PDFファイルで送られてきた紙面のゲラを眺めていた。

これまでずっと、自分だけのこだわりの写真を追い続けてきた。気負っていた部分もあった。デスクは自分の写真を選んでくれないのではないか。部長の長久保はどこまで感性に共感を持ってくれているのか。しかし、この日の紙面を見て違う感情も芽生えた。

「ショートの写真は、僕が自己採点するなら50点です。そもそも、僕は自分の写真に100点満点はつけないのですが、あのときはあまり納得いく写真が撮れなかったんです。写真が黄色がかってしまったことも含めてですね。だけど、紙面のゲラを見たとき、写真を紙面にうまく落とし込んでもらえたなと思いました」

スポニチは自分が所属する会社だが、小海途のなかでは紙面を作る整理部や写真を選ぶ

PyeongChang Olympic 2018
平昌（韓国）
ペン　柳田 博　杉本 亮輔
雨宮 圭吾　宗野 周介
山本 真央　武田 政樹
カメラ　小海途 良幹　椎名 航

久々の実戦それも五輪の舞台で楽しむ余裕はさすがのひと言

演技後、会心の笑みを浮かべる羽生。投げ込まれたプーさんが山積みになり、写真が少し黄色くなっちゃいました（撮影・小海途 良幹）

フリー滑走順とスタート時間	22番＝13時43分	23番＝13時51分	24番＝14時0分	20番＝13時25分
SP順位 氏名 年齢 国・所属	①羽生 結弦（23 ANA）	②フェルナンデス（26 スペイン）	③宇野 昌磨（20 トヨタ自動車）	④金 博洋（20 中国）
SPの写真				
ベスト SP / フリー / 合計	112.72（17年オータム・クラシック） 223.20（17年世界選手権） 330.43（15年GPファイナル）	109.05（17年世界選手権） 216.41（16年世界選手権） 314.93（16年世界選手権）	104.87（17年ロンバルディア杯） 214.97（17年ロンバルディア杯） 319.84（17年ロンバルディア杯）	103.32（18年平昌五輪） 204.94（17年世界選手権） 303.58（17年世界選手権）
4回転種類	トーループ、サルコー、ループ、ルッツ	トーループ、サルコー	トーループ、サルコー、ループ、フリップ	トーループ、サルコー、ループ、ルッツ
主な実績	14年ソチ五輪金 14、17年世界選手権優勝	14年ソチ五輪4位 15、16年世界選手権優勝	17年世界選手権2位 17年GPファイナル2位	18年四大陸選手権優勝 16、17年世界選手権3位
フリー使用曲	SEIMEI	ラ・マンチャの男	トゥーランドット	惑星
予想ジャンプ構成	①4回転サルコー ②4回転トーループ ③3回転フリップ ④★4回転サルコー＋3回転トーループ ⑤★4回転トーループ＋1回転ループ＋3回転サルコー ⑥★3回転半＋2回転トーループ ⑦★3回転ループ ⑧★3回転ルッツ	①4回転トーループ ②4回転サルコー＋3回転トーループ ③3回転半＋2回転トーループ ④★4回転サルコー ⑤★3回転ループ ⑥★3回転半 ⑦★3回転フリップ ⑧★3回転ルッツ＋1回転ループ＋3回転サルコー	①4回転ループ ②4回転フリップ ③3回転ループ ④★3回転半 ⑤★4回転トーループ＋2回転トーループ ⑥★4回転トーループ ⑦★3回転半＋1回転ループ＋3回転フリップ ⑧★3回転サルコー＋3回転トーループ	①4回転ルッツ ②4回転サルコー ③3回転半＋1回転ループ＋3回転サルコー ④★4回転トーループ＋2回転トーループ ⑤★4回転トーループ ⑥★3回転半 ⑦★4回転ルッツ＋2回転トーループ ⑧★3回転フリップ
ジャンプ基礎点合計	82.09	79.23	88.14	93.16

※ルール上、3回転以上のジャンプを繰り返す場合、1度は連続ジャンプにしなければいけない。予想ジャンプ構成は今季自己ベストのプログラムなどから。★は演技後半のジャンプで基礎点は1.1倍

ミス1つまでなら 羽生が逃げ切る

今日のツボ教えます　フィギュアスケート男子フリー　岡崎真

羽生の圧巻の演技に、国際スケート連盟（ISU）のテクニカルスペシャリストでプロコーチの岡崎真氏も「凄いとしか言いようがない」と大絶賛。17日のフリーでも、他の選手を圧倒するGOE（出来栄え評価）と演技点の高さで「大きなミスさえしなければ、このまま羽生が逃げ切る公算が大きい」と予想した。

高さ 流れ つながり トリプルアクセルは非の打ちどころなし

最初のうちは羽生の表情が怖いぐらいに厳しかったので心配したが、全くの杞憂（きゆう）にすぎなかった。冒頭の4回転サルコーはいつもに比べると着氷で若干爪先にかかったような感じはあったが、しっかりとGOEを稼いだ。それ以降は音楽にしっかり溶け込み、見事な演技を見せてくれた。

圧巻だったのはトリプルアクセルで、高さといい、流れといい、つながりといい、非の打ちどころがない。GOEが満点だったのも十分にうなずける。4回転トーループと3回転トーループの連続ジャンプは曲の部分が少し詰まったような感じはあったが、これもGOEが3点でもおかしくない出来だった。最後のジャンプを難なくクリアした後は解き放たれたようにフェンス際に近寄り、観客と一体となって雰囲気を楽しみながら最後まで滑りきった。五輪という独特の緊張感の中で、しかも右足を痛めて練習ができない時期があったにもかかわらず、これだけの演技をする羽生の精神力の強さには改めて驚かされた。

フリーでは演技順が最終組の4番目になったが、特に問題はないだろう。恐らく無理をせず難度を落として手堅い内容で臨んでくると思うが、それでも羽生が完璧な演技をすれば、他の選手が追い抜くのは難しい。13個の要素をこなさなくてはならないフリーは後半の体力が心配だが、慣れたプログラムだし、穏やかな曲調も呼吸を整えやすい。あとはとにかくミスをしないこと。最低でもミスを1カ所にとどめれば、このまま羽生が逃げ切る可能性が高い。

宇野も緊張しているように見えたが、それでも団体戦以上の得点を出したのは立派だ。トリプルアクセルは少し危なかったが、何とか持ちこたえた。演技点でも10点を付けているジャッジもいるので、高い評価をもらっている。このまま勢いに乗ってフリーに行ってくれればおのずと結果がついてくるに違いない。

点数差から考えると、フリーは実質上位4人のメダル争いと言っていい。男子は4回転の成否で得点が大きく変わってくるので、羽生とフェルナンデスの4点差はまだ安全圏とは言えないだろう。その意味では4人金メダルの可能性が残っている。羽生はとにかくミスを少なくすること。そして他の選手は羽生のミス待ちということになりそうだ。

（ISUテクニカルスペシャリスト、プロコーチ）

4・1点差 ソチでは3・93点差逃げ切り

○…男子SP1位の羽生と2位・フェルナンデスは4・1点差。現行の採点システムになった06年トリノ五輪以降、男子SPで1位と2位の最大差はトリノのプルシェンコ、ウィアーの16・68点差。14年ソチはSPで羽生がチャンを3・93点リードし、フリーでも逃げ切った。女子は10年バンクーバーの金妍児と浅田真央の4・72点差が最大となっている。

完璧フェルナンデス「ひっくり返せる」

羽生と同門対決　2位

フェルナンデス（スペイン）は首位の羽生と4・1点差の2位につけた。持ち前の表現力や高いスケーティング技術で、演技構成点の5要素全てで9点台をそろえ「ステップもジャンプもすべてがうまくいった。パーフェクトだった」と充実感をにじませた。

演技構成5要素全て9点台

羽生と同じオーサー・コーチの門下生。「彼（羽生）がいい滑りをすると、打ち負かすことはかなり難しい」と誰よりもその実力は認めている。それでも「彼を捉えたい」と逆転での金メダルを狙う。

14年ソチ五輪は4位に終わった。しかし、その後、世界選手権で2連覇するなど実績と経験を積んできた。「4年前よりもずっと成熟したし、大きく変わった」と胸を張る。今回を集大成と位置づける26歳は、有終の美を飾るべく「4点差なんてひっくり返せる」と自らに言い聞かせるように話した。

中国・金ノーミス「上出来」メダル圏内

自己ベスト更新　4位

中国のエース・金博洋が最終滑走の重圧をはねのけた。中国など4カ国合作の映画「グリーン・デスティニー」の挿入歌に乗って、冒頭の4回転ルッツ―3回転トーループの大技に成功すると、その勢いのままノーミスでメダル圏内の4位につけた。優勝した五輪前の四大陸選手権で出した自己ベストを3・15点更新し「かなり上出来だと思う」と笑顔がはじけた。

次回自国開催の重圧を糧に

最終組は羽生や宇野ら実力者が顔ぞろい。「もし前の選手みんなが練習通りの実力を発揮すれば、自分の上をいく」。覚悟はできていただけに「プレッシャーを自分のモチベーションに変えられた」と最高の演技で観客の期待に応えた。

次の冬季五輪は自国開催でもある。国を背負う20歳は同種目での中国勢初メダルへ「もっといいスケーティングをしたい」と力を込めた。

☆紙面編集　猪田 祐介

デスクは、対峙するべき相手だとも思っていた。

しかし、この日の紙面は小海途の感性が出た構成になっていた。黄色がかってしまった写真も3面のメインを飾り、偶発的に撮れたお気に入りのショットも、紙面に掲載されていた。

「これまでのセオリーなら、1面の写真だって『弱いじゃん』と差し替えを求められていたかもしれません。でも、僕の写真から意図をくみ取って、尊重して写真を使ってくれていることがすごくわかりました。

整理部の記者やデスクが、僕の写真を軸に紙面を作ってくれたような感覚でした。感謝とうれしさが込み上げてきました」

気持ちが晴れ渡り、集中力も切れていない。羽生は首位スタートで、五輪連覇へ大きく前進した。舞台はすべて整った。2月17日のフリー。羽生が男子66年ぶりの連覇という偉業に挑む伝説が生まれようとしている。

「何十年先にも語り継がれる写真、平昌オリンピックの羽生選手の演技といえば、この一枚」。小海途はそんな写真をレンズに収めようと、前もって決めていたフォトポジションから、歴史的な〝瞬間〟に狙いを定めることになる。

⑤2連覇の瞬間、想像を超えた王者の形相

同じ轍を踏むわけにはいかない。

フリー当日の朝は午前5時ごろにメインリンクのスタンド席へ到着した。もしも、他紙のカメラマンがそんな様子を見かけたら、このポジションに〝狙い〟があることを悟られてしまうかもしれない。

「他社のマークを気にして、ショートのときのように誰かに座られてしまったらすべてが台無しになると思いました」

9時の方向にあるフォトポジションに回ってきたカメラマンの多くは、10時側、つまりできるだけジャッジ席に近い正面側に寄って席を取っていた。

小海途は逆に正面から離れて8時に最も近い席に座った。同じ9時の方角でも、8〜10時までポジションはやや幅がある。ポジションの位置取りは高さもある程度の範囲がある。スタンドの上段から撮影するか、リンクサイドに近づくか。小海途は最前列を選択した。羽生がフィニッシュポーズを決めたあと、五輪連覇を確信した羽生の表情を撮るに

は、絶好のポジションだった。

ついに演技が始まった。

不死鳥のごとく復活する羽生が五輪での〝借り〟を返す舞台でもあった。

4年前のソチ五輪はショートで圧倒しながら、フリーではジャンプでミスが出た。まだ危うさもあった。

この4年間で立場が変わった。絶対王者と称され、過去の記録を次々と塗り替え、次代を担うスケーターに背中で勝負の厳しさを見せてきた。

勝利への執念、ケガに屈しない精神力、努力で磨き上げた技術と卓越した表現力――。羽生はそのすべてを凝縮した『SEIMEI』を演じきった。

冒頭で4回転サルコウを決め、次に4回転トウループを跳んだ。いずれもGOEが満点の3点。ジャッジをうならせた美しいジャンプで勢いに乗ると、後半も4回転サルコウ―3回転トウループの連続ジャンプを成功。続く4回転トウループこそ着氷で乱れたが、プログラムを通して計3本の4回転を成功させた。

リンクを支配した4分半の王者の舞。最後の8本目となるルッツは、負傷したときに跳んだジャンプだった。3回転で着氷したとき、バランスが崩れた。前のめりになった王者だが、心が折れない。痛めた右足で必死にこらえた。

技術だけではない。気持ちだけでもない。「心・技・体」のすべてを懸けた勝利のためのプログラムだった。

小海途がカメラで追う被写体は、次々とジャンプを跳び、そのたびに会場が沸き上がっていた。正面からの撮影が圧倒的に絵になる羽生の『SEIMEI』だが、小海途は動じない。

圧巻の演技を滑り終えた。右足首の負傷から約3ヶ月。一度も実戦を挟まずに挑んだ2度目の五輪。現地に入った羽生は、ブランクを心配する声を封殺するかのように言った。

「僕はオリンピックを知っている」

強気な姿勢は崩さず、王者の誇りを、一発勝負の五輪で存分に発揮した。

正面に向かって演技を終えた羽生が突き上げた拳は、連覇を確信したかのように天に向かって伸び上がっていた。羽生も天を仰いで、達成感をにじませた。

小海途は次の瞬間を静かに待った。

時間がまるでスローモーションのように流れた。直後、羽生の表情がレンズに飛び込んできた。

両手を広げ、雄叫びを上げた口からは白い歯がこぼれる。眉間に皺を寄せ、まだ燃えたぎったままの闘争心が眼力に表われた。

それは、いい演技をしたという漠然とした歓喜の表情ではなかった。ケガのアクシデントを乗り越え、五輪連覇を成し遂げた王者のプライドがにじんだ魂の叫びのようだった。

「羽生選手の表情は、僕が予想していたものをはるかに超えてきました。僕にとっては初めてオリンピックの金メダリストになる選手の演技を撮影した機会となったのですが、これが連覇を達成したアスリートが見せる顔、そして光景なんだ、と。

羽生選手が向けた表情と眼差し、歓喜に沸く会場の雰囲気に圧倒されながらも、僕は夢中でシャッターを連写しました。

シャッターを押しながら、気持ちが高まっているのがわかりました。

自分で『落ち着け、落ち着け』と言い聞かせていたのですが、僕自身も感情を抑え込むことができなかったですね。

あとから見返したら、本当に一瞬の出来事なんです。だけど、僕にはまるで時が止まったような感覚でした。

正面から撮影された羽生選手の『ＳＥＩＭＥＩ』はもちろん、僕が撮ったものとは違っ

て、最高の演技が伝わる写真もあったはずです。

だけど、僕は、羽生結弦という時代の寵児が連覇の偉業を達成したとき、このすごさを後世にまで伝える写真が撮りたかった。国際映像を見返しても、このアングルの羽生選手は写っていません。

これは、僕の自慢ではなく、いかに羽生選手が特別な選手かということを強調したいエピソードです。カメラマンが勝手に〝心中〟を決めて構えていた場所で、こちらの想像を超えた表情を撮らせてしまうアスリートなんですよね。

それが羽生選手なんです。非現実的なものを見せられた感覚になりました」

カメラマンと被写体はどんな関係にあるのか。小海途の写真からは、カメラを媒介して〝会話〟のようなものが成立しているかに思える。

しかし、小海途は首を横に振る。

「羽生選手が僕たちカメラマンと〝会話〟をしているということはないと思います。少なくとも、僕自身にそういう感覚はありません。

じゃあ、僕たちは羽生選手の写真を撮るために何を追っているのか。何を頼りにレンズを向けているのか。その答えは、羽生選手のエネルギーだと思います。

羽生選手の演技やしぐさ、さまざまなものからエネルギーをぶつけられているように感じることがあります。

僕たちは自分に迫ってくるエネルギーに対して、自分のささやかなエネルギーをぶつけにいくしかないわけです。

とても小さなエネルギーだとしても、レンズを向ける、写真を撮るという行為としてぶつけているんです。

迫ってくる巨大なエネルギーに対して、何もしなければただ圧倒されてしまう。だから全力でぶつかりにいくわけですが、そうするとパーンと羽生選手の発するエネルギーに対して跳ね返されたり、飛び散ったりしてしまうんです。

その衝突のときに飛び散る火花や欠片が、写真じゃないかなと思っています」

初めて五輪の金メダルという瞬間を象徴する写真が撮れた。確信めいたものがあった。

レンズを押し続けた手はガサガサに乾燥していた。

「緊張する瞬間は、『手に汗握る』といいますが、フィギュアスケートの現場は屋内でも体が冷えて、寒くて乾燥もしています。僕の場合は、むしろ肌がガサガサになってあかぎれします。だから、痛くて指を曲げることもできないんです。防寒の意識が低かった昔は寒さで震えることもありました」

翌日、スポニチの一面は、小海途が撮影した羽生の写真が使われた。「羽生が伝説になった」という大きな見出しがつき、渾身の雄叫びを上げる羽生が全面に掲載される。

背景にはゴールドカラーで「金（平昌五輪で）1号」の文字が。「日本冬季五輪史上初の連覇」「冬季五輪史上1000個目メモリアル」などと偉業を補足した見出しも並び、表彰台に立つ羽生らの姿が掲載された。

「平昌五輪で、羽生選手が金メダルを獲ったときを振り返るとしたら、あの写真が象徴的な一枚になったという自負があります」

この写真は東京写真記者協会（24年7月現在、新聞、通信、放送など34社が加盟）による、18年の優れた報道写真に贈られるスポーツ部門賞（海外）に選出された。

この写真も、羽生が演技をしているシーンではない。

しかし、報道写真として表彰された。「定型」を求めてきた新聞報道のカメラマンも、羽生の表情に圧倒されたに違いない。

「僕にとって、カメラマン人生を振り返っても、あの日は、最も印象深い一日になりまし

感動のユヅ スポニチ 70th Anniversary

フィギュア ドーンと8ページ

羽生が伝説になった

宇野と歴史的ワンツー

1号

日本冬季五輪史上初の連覇

大ケガを乗り越えSPに続きフリーでも絶対王者の舞い「漫画の主人公でも出来過ぎなくらいの設定。

自分の人生史上、一番、本当に一番幸せな瞬間」

「やった〜!!」フリーの演技を終え雄叫びを爆発させる羽生(撮影・小海途 良幹)(左)(上から)スタンドの大声援に応える 会心の演技に天を指さす 金メダルを手に笑顔の宇野(右)羽生、フェルナンデス(左)

冬季五輪史上1000個目メモリアル

平昌五輪 第9日 スポニチ臨時支局

フィギュア

そして、羽生が伝説になった——。男子フリーは17日、江陵アイスアリーナで行われ、ショートプログラム(SP)1位の羽生結弦(23=ANA)はフリー2位の206・17点をマーク。合計317・85点で男子シングルでは66年ぶりとなる五輪2連覇を達成した。昨年11月の右足首捻挫の重症で、リンクから離れること約3カ月。ぶっつけで挑んだ大舞台で、4つの4回転ジャンプを跳ぶ気迫の滑りを披露。この金メダルが14年ソチに続く五輪2大会連続の日本勢第1号となるとともに、冬季五輪史上1000個目という節目になった。SP3位の宇野昌磨(20=トヨタ自動車)が合計306・90点で銀メダルを獲得し、日本勢がワンツーフィニッシュを飾った。【関係記事1〜5・終・社会面】

男子 (江陵アイスアリーナ)

		SP	フリー
①羽生結弦(ANA)	317.85点	①111.68	②206.17
②宇野昌磨(トヨタ自動車)	306.90点	③104.17	③202.73
③フェルナンデス(スペイン)	305.24点	②107.58	④197.66
④金博洋(中国)	297.77点	④103.32	[illegible]
[illegible]	[illegible]	[illegible]	[illegible]
[illegible]	[illegible]	[illegible]	[illegible]
[illegible](OAR)	[illegible]	[illegible]	[illegible]
⑧コリャダ(OAR)	264.25点	86.69	177.56
⑮田中刑事(倉敷芸術科学大大学院)	244.83点	80.05	164.78

「やった〜!!」日本中が

スポーツニッポン

http://www.sponichi.co.jp/

2018年(平成30年)2月18日【日】 第24719号 11版B

「泰主」ハ没 羽生(王)こ勝つた 写真フィギュア報道写真集発行 2面 羽ヨもフィギュア 特別紙面

た。

微塵の後悔もないというか。もちろん、いま考えたらリスクはありましたよね。自分で勝手に羽生選手なら金メダルを獲る、会心の演技を見せてくれる、そのときにこっちを向いて最高の一枚を撮らせてくれるという、自分の勝手な予測に基づいて動いているわけですよね。

僕自身は信じていましたが、予測が外れることだってありえたわけです。だけど、自分が予測して、撮りたいと思ったシーンを、予想を超えた会心の一枚で応えてくれました。ボストンの世界選手権で見せた一枚の写真から、この瞬間に向けた準備をして、それが成功という結果になった。そして、賞に選出されて、ほかの新聞社のカメラマンたちにも認められたというのは感慨深いものがありました」

同時に新たな渇望の気持ちが芽生えた。

「もっと羽生選手のことを撮りたい。まだまだ、僕は羽生選手の魅力を引き出せていない。よく考えたら、両手を広げた歓喜のポーズは、スポーツ写真の王道ともいえるものです。『定型』を避けてきた僕が、広い意味での『定型』でもいいものが撮れる、ということを証明できた喜びはありました。

ですが、独自の表現という面では、まだまだ突きつめられていないと感じていました。だから、やりきったというよりは、もっと羽生選手を撮りたい、羽生選手だからこそ撮れる写真を追い求めたい、という思いがより強くなりました」

羽生が金メダルを獲得した翌日の記者会見でクワドラプルアクセルへの挑戦を明言したとき、小海途は安堵した。

ここからまた、羽生の新たな伝説が始まる――。

そう思うと、胸の高まりを抑えることができなくなっていた。

第5章 唯我

①SNSが生み出したスポーツ報道の新時代

2018年2月の平昌五輪を終えて帰国した羽生は、万全の状態に戻っていない右足首の影響によって、3月の世界選手権を欠場した。そんな羽生が五輪以来となる公の場に姿を見せたのは、4月13日の「コンティニューズ・ウィズ・ウィングス」だった。

さらに故郷の仙台市で凱旋パレードに登場する。たくさんの市民やファンが地元や全国各地から沿道に詰めかけた。

ケガのアクシデントを乗り越えて、連覇を成し遂げた王者への注目度は以前にも増して高まっていた。小海途はそのすべてを追いかけ、レンズを向け続けてきた。

時を同じくして、スポニチ社内では、そんな羽生の姿をより多くの機会で、よりライブに近い状況で読者やファンに届ける試みが始まっていく。

代表例がSNSの活用だ。インスタグラムでも、スポニチの写真にアクセスできる専用アカウントを作成。次々とアップしていくことで、羽生の写真をより多くのファンや読者に届けようというのが主旨だった。

発案者は、小海途が「プロデューサーの才がある」と評する長久保だ。長久保に導かれるように、小海途もSNSを通して、羽生の魅力的な写真を世に発信するという意識を高めていくようになっていく。

そんな小海途が初めて、インスタグラムに投稿した一枚がある。

それが、「ファンタジー・オン・アイス2018」でのワンショットだ。

5月下旬に千葉・幕張公演から幕を開けるアイスショーは毎年、有名アーティストとスケーターの豪華なコラボレーションが話題を呼ぶ。そして、このショーの中心的な役割を担っているのが羽生だった。

この年は5月25日に開幕し、この日はメディアにも公開され、小海途も幕張の会場へ足を運んだ。

メディアはここ数年、ものすごい勢いでインターネットによる配信へウエートを移している。新聞は紙媒体を宅配や駅、コンビニなどで購入してもらうことで収入を得るのに対し、インターネット記事の大半は無料配信で、ユーザーからのアクセス数に応じて、ウェブ上に掲載された広告収入を得るというスキームだ。

お金を払って新聞を買う読者がいるのに対し、記事を無料で読めるネットへの配信には矛盾を指摘する声もある。しかし、読者離れが進む新聞業界において、背に腹は代えられない。ウェブ広告による収入もいまや貴重な収益源となっている。

とはいえ、当時のスポーツ報道は、まだまだ紙面に向けられた意識のほうがはるかに高かった。スポニチのインスタグラムへの写真のアップも手探りの段階だった。

小海途はこのときの幕張公演を鮮明に覚えている。

「長久保さんに言われていたので、インスタに投稿しないといけないという意識はずっとありました。でも、まずは紙面用の写真を送ることを最優先にしていました」

このときの紙面の扱いは、そこまで大きくない。ショーの翌日には、羽生の写真で見開きのポスター風紙面を展開する現在では考えられない。そんな扱いであっても、小海途は強いこだわりを持って撮影に臨んだ。

紙面に載せた写真は、肌を露出させた右手を下げ、衣装に包まれた左腕を上げている瞬間をとらえている。

衣装が風になびき、さらに鍛え上げられた腹筋が少しだけ見えている。美しさのなかにある中性的な羽生の表情と、細身の肉体からは想像もつかないほどの男性的な腹筋とのギャップが〝共存〟している。

史上初めて4回転ループを跳び、フィギュア史に残る歴代最高得点を刻み込んできた裏付けとなる練習量が導いたアスリートの肉体美と、表現者としての美しさを宿らせた写真には、小海途がこれから撮っていこうとしている羽生の新たな魅力を映し出していく方向性のかけらが見え隠れしていた。

つまりは、小海途にとっても、平昌五輪以降の大きなテーマである「演技だけに寄せない、羽生の表現が象徴されるシーンを撮っていく」というものである。

小海途は会場からこのほかにもいくつかの写真を出稿すると、一人で帰路についた。閉幕した会場は翌日に向けた準備などもあり、インスタグラム向けに写真を送る作業を会場内で行なうことを待ってはくれない。会場を閉め出された小海途はJR京葉線の海浜幕張駅へ急ぎ足で向かった。

そして、駅のホームへたどり着くと、すぐにノートPCの画面を開いた。

最初にインスタグラムへ投稿する一枚に、小海途は羽生の「美しさ」を感じた写真を選んだ。

映し出された羽生は、右手を口元へ寄せた儚い表情を浮かべ、右膝を折って滑っている。レース状の衣装がなびき、柔らかな肩のラインを演出している。

「羽生選手の美しさは、表情や指先、それから衣装とともにつくり出される体のラインです。このときは肩のラインにも美しさを感じた一枚になりました」

投稿を終えて電車に揺られ、自宅の最寄り駅まで戻っていたころだった。羽生の写真に関するネット上の反応を見ていた長久保からメッセージが送られてきた。

ファンは羽生の魅力をとらえた写真に対し、素直に称賛の声を届けていた。

小海途はあらためて、従来の新聞報道の反響との違いを強く実感した。

「以前もお話したように、いままで、どんなに自分がいい写真を撮れたと思っても、手応えを裏付けてくれる反応は一切ないなかで写真を撮ってきました。それが新聞カメラマンにとっては、当たり前だと思っていました。

デスクや先輩が褒めてくれることはあっても、翌朝の紙面のなかで、僕の写真をどんな人がどんなふうに見てくれているかなんて、まったくわかりませんでした。だから、新聞は、読者のところをただ通り過ぎていくものだというむなしさもありました。

自分がこだわり、ほかのカメラマンとはこんなふうに切り口が違うんだ、という主張を写真を通してしかできないわけです。読者は記事に目を通しても、もしかしたら写真は〝添え物〟程度にしか見てくれないかもしれない。でも、羽生選手のファンは違いました。

カメラマンが撮った写真を評価してくれるんです。それだけではありません。インターネット上に、この写真は良かった、心が打たれた、素晴らしいって、写真を見た感性を書いてくれます。

インターネットは匿名性もあり、誹謗中傷の書き込みなどが問題になることもあります。だけど、こんなふうに、ダイレクトに声が届くんだというのは、僕にとってはすごくうれしいとともに、驚きでした。

これまでのカメラマン人生は、いわば孤独でした。自分が納得する写真を撮ればいい、自分が満足できればいい、と。それはそれで嫌ではなかったんですけどね。だけど、自分が撮った写真をこんなに大事に思ってくれる人がいるんだというのは、新たな喜びや、やりがいを見出してくれました」

こうしたなかで、スポニチは大きな決断を下すことになる。それが、五輪翌シーズンから羽生が出場する大会は、海外も含めてすべてにカメラマンを派遣することだ。

もしも、記者が現地へ行かない場合でも、写真は自社で配信する。編集局というよりは、写真部としての方針でもあった。

新聞各社は、読者離れによる部数減で取材費の削減を強いられている。

スポニチも決して例外ではない。しかし、長久保や小海途は、ほかの競技取材への派遣を見送ってでも、羽生の写真を撮りに行く価値があると確信していた。

スポーツ新聞という中高年の男性が読者層だったマーケットに風穴を開けたというビジネス的な視点も、もちろんある。

何より、「小海途の写真」をスポーツ報道の写真とは一線を画して応援してくれるファンの思いに応えたいとの使命もあった。

もう一つ、背中を押したのが、平昌五輪直後の18年3月に発売した羽生の写真集『Dancin' on The Edge―平昌フィギュア報道写真集―』だった。

小海途の写真を中心にそろえたこの写真集の売れ行きは好調だった。

スポーツ報道として日々の紙面に掲載する写真に加え、SNSなどで好評だった写真や、紙面にはそぐわない競技性からやや離れたカットなどは、新聞とは別の報道スタイルの形として「写真集」として出版できる――。長久保や小海途には、シーズンを通して羽生を追いながら写真集をつくるという構想も出来上がっていた。

スポーツ報道の写真は従来、紙面やネットで〝消費〟されて、やがて埋もれていく宿命にあった。だからこそ、予算削減のなかで、カメラマンの派遣に消極的な新聞社は少なくなかった。

しかし、長久保はこうした流れに抗うために、写真集を企画した。

紙面やウェブ上で掲載して終わりじゃない。撮りためた羽生の表情や演技シーン、しぐさなどを一冊の写真集にまとめれば、新たな発表の機会につなげることができる。

「スポニチは、小海途をカメラマンとして抱えていますからねえ」

長久保は自信を持って当時を振り返る。

もちろん、こんな算段が立つのも、羽生結弦という存在があってこそだった。羽生は、新聞社のスポーツ写真の枠組みすらも変えていったのだった。

②1ページ使用、ポスター風写真の誕生秘話

「僕は静かに写真を撮りたいタイプなんですよ」

インタビューと向き合う小海途は、こちらがカメラマンとしての技量を持ち上げても謙虚な姿勢を崩さず、話に乗ってこない。

そんな、本来は物静かな男の周囲が騒がしくなった〝宴〟の平昌五輪は、羽生結弦が歴

史をつくり、小海途はカメラマンとして象徴的な一枚を収めるために戦いの土俵に上がった節目の大会となった。

そして、スポニチは羽生が出場するすべての大会にカメラマンを派遣する方針が決まった。

また、王者の姿を追いかけることができる――。

「僕を専属で行かせてください」

小海途は五輪の翌シーズンが本格開幕する前に、意を決して長久保に頼んだ。自分だからこそ、撮れる写真があるからだという自信があったからこその行動だった。

小海途は、羽生を「太陽」のような存在だと話す。

「羽生選手が放つ光はとてもまばゆいんです。自分だけが輝くのではなく、周囲も明るく照らす。だから、僕のような、カメラマンとしてたくさんの挫折を味わってきた人間でも、レンズを向け続けることで、日の光をもらうことができました。

そんな羽生選手をもっと撮りたい、もっと違う一面を読者やファンに写真を通して届けたいと思いました」

平昌五輪ではアスリートとしての羽生を、最高傑作と呼べるほどの一枚に収めた。連覇を果たした絶対王者の栄光の先に、次はどんな輝きがあるのか。

小海途は、アーティストであり、表現者でもある羽生を、カメラを使ったアート作品として撮りたいという願望が強くなってきた。

そして、もう一つ——。羽生が平昌五輪後、「最大のモチベーション」と語ったクワドラプルアクセルの成功の瞬間をカメラに収めたかった。

いつ、どこで、どのタイミングで挑戦し、成功するかは誰にも見通せない。

羽生ですら、そうだった。前人未到にして、難攻不落の「王様のジャンプ」の最上級形。

小海途は「その瞬間に立ち会いたい。どんな写真になるのか、僕は自分のカメラでその瞬間を収めたいという欲求を抑えることができませんでした」と打ち明ける。

羽生に出会ったからこそ、あれだけの演技を見せる羽生だからこそ、小海途はどん欲にカメラを向けたくなった。

ただ、羽生を撮りたいという願望は、スポニチの社内のほかのカメラマンも同じだろう。4年サイクルの五輪が終わり、後任の担当カメラマンを狙っていた若手がいるかもしれない。長久保もたまには羽生の大会を撮影に行きたい気持ちもあっただろう。

しかし、小海途は、羽生が出るすべての大会を自分で撮りたいという思いにうそがつけなかった。

「専属」を宣言した以上、体調不良によるキャンセルなどもできない。プライベートよりも撮影を優先しなければならない。それも覚悟の上で伝えた思いに、長久保も「わかった」と了承してくれた。

長久保の本心はどうだったのだろう。

当時の心境を聞くと、長久保は「おいしいところを持っていかれましたよ」と苦笑いしつつ、こう振り返った。

「僕は管理職として、熱意を持ったカメラマンを現場へ行かせてやりたいと思っています。あのとき、小海途が手を挙げたのに対し、ほかのカメラマンは心の中では行きたいと思っていたかもしれないですけど、誰も意思表示をしなかったですからね。

カメラマンとして羽生結弦を撮りたいと思うなら、名乗りを上げればいいんですよ。相手が小海途でもね。でも、そういうカメラマンはいなかったんです。

あと、小海途は現場にいつもいちばん早く行って、最後まで残るやつなんです。カメラマンって、最後は熱意を持ったやつが強いんです。

写真を失敗したとしたら、倍返し（でいい写真を撮影すること）が大原則です。

技術うんぬんではなく、人よりも先に行って、最後に帰ることを繰り返して、撮影機会をうかがえば、必ず倍返しができる機会は訪れます。それができるんですよ、小海途ってカメラマンは」

長久保は小海途の平昌五輪までの働きを見てきた。

ほかのカメラマンからも耳にしていた。だから、続投を決めた。

本心では、長久保も撮影したかったのではないだろうか。

そんな問いかけに、「僕と小海途では、写真の色合いも何もかもが違いすぎますから（笑）。読者も混乱してしまうでしょう。だから、あの野郎が行けばいいんです」と、再び苦笑しながら答えてくれた。

長久保の決断もあって、新たなシーズンからも、小海途はすべての大会に帯同することが決まった。

五輪の翌シーズンということもあり、羽生の取材現場といえども、五輪本番のときのような喧騒はなく、カメラマンの数も絞られていた。

やや落ち着いた環境でレンズを向けた羽生は、あらためて魅力的な被写体だったことを気づかせてくれた。

「羽生選手は、意識的か否かは別として、常に誰かに見られているという感覚を備えたアスリートです。

それは僕たちカメラマンだけでなく、ムービー（テレビカメラ）や観客の人たちの視線に対しても同じだと思います。頭の先、手先、足の指先まですべてに神経を研ぎ澄ませた振る舞いを見せてくれます。

たとえばですが、カメラマンがいいアングルから写真を撮れたとしますよね。でも、見返してみると、指先の角度など細部が原因でいい写真に仕上がっていないケースがあります。このようなときは、アングルやシーンがすごくよかったからこそ、残念な思いにかられてしまいます。

ところが、羽生選手の写真には、そういうことがないんですよね。細部まで意識が行き届いていて、どんなときにレンズを向けても、ディテールまで完璧な写真が出来上がるんです。だから、ゾクゾクする感覚を抑えることができなかったですね」

18−19年の羽生のシーズン初戦は、カナダで開催されたオータムクラシックだった。

羽生は五輪翌シーズンに憧れのスケーターの名プログラムをオマージュし、ショート、フリーに新曲を投入した。

SKATECANADA
Autumn Classic
INTERNATIONAL

ショートはジョニー・ウィアーの『秋によせて』、フリーはエフゲニー・プルシェンコの『ニジンスキーに捧ぐ』をアレンジし、『Origin（オリジン）』と名づけた。

羽生はショートで首位スタートを切り、フリーとの合計得点で優勝を飾ったが、演技内容には納得していなかった。

フリーのあと、現地の小海途にデスクから連絡が来た。このときの原稿は、羽生の心情を反映するように、次戦以降に向けて「闘志がメラメラ」というトーンになっている。そういうシーンがわかる写真が欲しいというリクエストだった。

小海途は羽生がリンクに片膝を立て、表情にも闘いへの覚悟がにじんだような写真を送った。

見出しは「V復帰もメラメラ　羽生、火が灯った」。小海途の写真が原稿や見出しに色を添えた。

一方で、小海途は表彰式で、羽生が同じリンクを拠点にする韓国のチャ・ジュンファンやカナダのローマン・サドフスキーと並んだ際に背伸びした様子をとらえた写真を送っている。

これは、紙面では控えめなカットになっているが、小海途は「ファンの人というか、インスタで支持されるのではないかと思った写真です」と説明する。

「まだ、ファンの人たちが求める写真と、スポニチの紙面で使う写真に乖離があったんだと思います。だけど、このころは、紙面を劇的に変えるというよりは、インスタをうまく活用して乖離を埋めていけばいいという考えでやっていました。

紙面では『闘志がメラメラ』という原稿のトーンに合わせた写真が掲載されました。僕自身がデスクのリクエストに対して、自分が撮影したほかの写真を使ってほしいということは言えません。だけど、インスタは自由な発想でアップすることができます。出したいものを出していけるわけです。

インスタで乖離を埋めるというか、自分としてはすごくありがたいツールになりました」

羽生のGPシリーズ初戦となったフィンランド大会では、スポーツ紙のカメラマンは小海途1人だった。少なくとも小海途はそう記憶している。

小海途はこのとき、オータムクラシックのフリーのような競技に寄せた写真にはせず、独自色を強めることを意識していた。

「この大会あたりからですね、自分の持っていた趣向が、さらに強く出始めているのは」

小海途がこう言って示した写真は、ショートの公式練習日に撮影した一枚の写真だ。

会場リンクのフェンスあたりからぼやけるようにし、ピントを顔に合わせる。背後から横顔をとらえた王者は鋭い視線で前を向く。右腕には羽生の強さを象徴する筋肉のスジが見え、背中も鍛え上げられた肉体を連想させる。それでいて、肌は透明感が際立ち、表情はまさにこれから試合に臨もうという勝負師のそれである。

下半分はリンクのフェンスを絡ませることでぼやけ、頭と顔の輪郭をなぞるように、上半分だけが浮き出たように見える。

写真としては、圧倒的な存在感を放っているが、スポーツ報道の写真としては「定型」から外れている。

「このとき僕のなかで、従来のスポーツ写真から、さらにアーティスティックな表現を写真に求めていくように移行していきます」

残念ながら、この写真が紙面を飾ることはなかった。紙面には演技の写真が使われた。デスクからの発注も「動きのあるような写真」だった。

ただ、小海途の写真がネット上で評判を呼んだことで、変化も生じていく。

羽生が出場した次のGPシリーズ、ロシア杯では、スポニチはこの年の元日号に続き、特別な紙面を組んだ。

それが、羽生の写真を１ページ全面を使って掲載する企画だ。抜き取ると、ポスターのように飾ることもでき、ファンからも好評だったため、後にすべてのスポーツ紙が追随することになる。この企画は、ロシア杯では大阪本社発行の紙面だけの掲載だったが、その後に羽生が出場した大会では東京本社でも定期的に掲載されるようになった。

ロシア杯の記念すべき一枚は、当然、小海途がとらえた写真である。ショートのステップ直前のシーンだ。

「顔もきれいで、空気を感じる流れもあります。いままでの紙面の雰囲気とは随分と違うカットを選びました」

続くフリーでは、ロシア杯で優勝し、ＧＰシリーズ通算10勝目を挙げたことを示す「GP series 10 VICTORIES」のタイトルとともに、イナバウアーで大きく胸を反らせた羽生の演技写真が掲載された。

じつは、この特別企画の発案者は長久保でも写真部でもなく、フィギュアスケートを担当しているペン記者からだった。

この記者は企画の打ち合わせ会議の場でこう言ったという。

「羽生選手ほど『絵』になるスケーターはいない。ぶっちゃけ、原稿なんかいらないよ」

Figure Skating—
GP Rostelecom Cup
Short Program
November 16, 2018

Yuzuru Hanyu

Photo by Yoshiki Kogaito

活字で勝負する記者にとって、羽生の表現力を活字で表現するには限界がある。それは、筆者自身も常に痛感させられている。この文章表現で事足りているのか、もっと本質に迫れる言葉は存在しないのか。そんなとき、筆者も小海途の写真を目にすると、圧倒される。言い訳になるかもしれないが、活字の限界でもある。

小海途は驚いた。

一癖も、二癖もある個性的な記者は、自分たちの記事よりも写真が脚光を浴びることをどう思っているのか。もちろん、スポニチというチームで取材をしているなかで仲間であるものの、この点は気がかりだった。

「原稿を書いている人から『写真を大きく扱おう』と言ってもらえたのは、すごくうれしかったです」

新聞紙面は1行10字程度の文字が入る。これを「段」と呼ぶ。1ページは15段のスペースで構成される。これをすべて写真にすることで、ポスター風のような紙面になり、読者は抜き取って保存できる。

小海途にも大きな重圧がのしかかった。写真を大きく使うほど、画質の良し悪しが目立つようになるからだ。

被写体を小さく撮って、トリミングした写真は画質が悪くなるためNGだ。被写体である羽生にレンズのピントを合わせ、できるだけ大きく撮らないといけない。どの一瞬を切り取るか、そこをピンポイントで大きく撮影する。これまで以上に技術を求められたが、その写真がスポニチの看板紙面になった。

重圧とやりがいが比例することを実感しながら、小海途はこの大仕事に挑んだのだった。

そして、この企画はスポニチ社内にも変化をもたらしていく。

「これまでの羽生選手の写真は、従来とはテイストの違う写真を使ってもらえるようになってからも、やはり、記事を補完したり、見出しを際立たせたりするためのツールの一つとみられる部分がありました。

だから、すごくいい表情の近くに派手な色の見出しがつけられていたり、自分が出稿したときのイメージと異なる紙面が出来上がったりすると、『意図していたものが反映されていない』と落胆させられることもありました。

だけど、ポスター風の紙面をファンの人たちが買い求めてくださるようになり、羽生選手の写真は、大きな見出しや原稿を重ねることなく、写真の空間もそのままの状態で掲載されるようになりました。紙面のレイアウトを組む整理部の人たちも、写真を大事にしてくれるようになりました。

羽生選手の報道に関しては、まず写真ありきというか、紙面づくりと写真の関係性が変わっていくようになったのです」

こうしたこともあり、小海途は思う存分に羽生の躍動を追い、紙面だけでなく、インターネット上にも積極的にアップするようになっていた。

それでも、当時の小海途は、まだSNSの重要性をつかみきれていなかった。

ウェブ・ファーストの意識を持ち、インターネットへのアップのために写真を素早く送信することはしていたが、ネット上での反応を〝エゴサーチ〟することはなかった。

一方で、羽生の新たな魅力をとらえた斬新な写真の数々は、ファンの間にも知れ渡り、一部のファンが小海途を「神」と呼ぶようになっていた。

ウェブ上の反応は頻繁にチェックする長久保からのメールなどで共有する程度だったが、ある日、小海途はインターネット上のワードに驚かされることになった。

18年11月27日。女優の中谷美紀さんの結婚が検索サイト「ヤフー」のリアルタイム検索のトレンドランキングで1位になったこのとき、2位に「小海途」という名字が上がっていた。

この前日は、平昌五輪で羽生が金メダルを獲得した瞬間の写真が、東京写真記者協会で優れた報道写真を表彰する場において、スポーツ部門賞（海外）に輝いたことが発表された日だった。

高校時代の同級生から連絡が来たり、他紙のカメラマンからも声をかけられたり、周囲が騒がしくなっていく。

「なんか、大変なことになってきました」

神カメラマン――。

小海途は記憶を述懐する。

「長久保さんのプロデュース力が大きかったと思います。

僕の写真に目をかけてくれて、『こんなやつが羽生選手の写真を撮影していますよ』という感じで、売り出そうとしてくれたんです。

ファンの方々が僕の写真に対して、好意的な反応を寄せてくれるようになり、そのうちにネット上で『神』と呼ばれるようになりました。

僕は正直、戸惑いがありましたよ。もともと、注目を浴びたいと思って写真を撮っているわけでもありませんでした。

もしも、時計の針を戻せるなら、顔は出さない形でやっていればよかったなと思っています。最初はこんなに注目してもらえるとは思っていませんでしたからね。

僕自身はそういう性格の人間なんですが、写真に対しては違います。

僕が撮った写真という作品は、僕が目立ちたくないからといって、同じように日陰にいてほしくない。写真にはスポットが当たってほしいと思っていました。

『太陽』のような羽生選手は発する光が強すぎて、僕まで明るく照らしてもらうことになりましたが、僕の写真がみなさんから評価してもらえることには、とても感謝しています。

『神』という呼ばれ方には本当に恐縮します。でも、そういう期待から逃げずに、その名にふさわしい写真を撮らなければいけないと、僕自身をさらに成長させてくれる原動力になっています」

小海途は、自分の名前が取り沙汰されたことよりも、羽生結弦を撮るという責任感の重大さをあらためて実感させられた。

③絶対王者との人生〝交差点〟

小海途の周りで起きたことは当然、新聞各社の写真部にも情報が流れる。19－20年シーズンは、スポニチに追随する動きが加速した。現地で取材するメディアの数も増え、小海途が望んだ静かな環境は長くは続かなかった。

それでも、自らはひたむきに被写体である羽生と向き合っていた。

シーズン初戦のオータムクラシックでは、演技のつなぎの部分に焦点を当てた写真が評判を呼んだ。

それは、スピンがほどけた直後の瞬間をとらえた写真だった。力が抜けた儚げな表情がレンズに収まった。手の動きにも繊細さがあった。

「通常、フィギュアスケートの写真では、演技のなかの〝決め〟のポーズやフィニッシュの場面などがクローズアップされますよね。だけど、〝決め〟から〝決め〟へのプロセスのところ、つまり『つなぎ』のところは、あまり目にとまらないと思うんです。

でも、羽生選手の演技なら、『つなぎ』にさえも美しい一瞬があるんじゃないか、とい

う仮説に基づいて撮影した写真です。

実際にレンズに収まった写真を見て、はっきり言えば、カメラマンの想像を完全に超えていました。こんな場面が眠っていたのか、と。羽生選手は、僕がその瞬間を狙っているなんて知らないわけです。

だけど、羽生選手の演技は『つなぎ』まで意識されていた。ジャンプ一つ取ってもそうです。入りも、着氷の場面も。得点につながるようなポイントだけを滑っているのではなくて、目にとまらないような、わずかな場面にも繊細に神経を研ぎ澄ませていることがわかりました」

小海途は一枚の写真で、羽生のすごさの源をとらえたのだ。

続くGPシリーズのスケートカナダで、思わぬ出来事に直面した。

小海途は記者会見後にスケーターが引き上げる通路でカメラを手に待っていた。ほかのカメラマンは会見場で羽生の姿を狙う。小海途はいくつかのアングルから撮影すると、会見場を出た。

通路を照らすライトを見たとき、光の加減や背景に感性が働いた。

「羽生選手が歩いてくるところを撮ったら、カッコいい写真になるんじゃないかと思いました」

会見を終えた羽生が出てきた。カメラを構えてシャッターを押していると、近づいてきた羽生から唐突に言葉をかけられた。

「（小海途が撮影したほかのスケーターの名前を挙げ）カッコよかったです！」

小海途は羽生と会話をすることはないと思っていた。太陽である羽生に対し、黒子に徹して、たくさんのカメラマンがレンズ越しにシャッターを切るなかの一人として、自分もレンズを向けてきた。

もしも、羽生の目にとまる写真があったとしても、まさか自分の顔と名前が一致することはないだろう。そう思っていた。

ところが、羽生は明らかに小海途だと認識して話しかけてくれた。

一瞬、シャッターを押す手が止まった。

「僕のほうが年上なのに、恥ずかしながら緊張で体が固まってしまいました。心臓がバクバクして、鼓動が速くなって、テンションも上がって、どんな状態なんだと思いますけど、そういう状況でした（笑）」

立ち止まって、笑顔で話しかけてくれた羽生に、気の利いた言葉がまったく頭に浮かんででこなかった。

「ありがとうございます、と。こう返すだけで精いっぱいでした」

なぜ、羽生はほかの選手の名前を出したのか。小海途は確信を持ってこう話す。

「羽生選手の人柄を知っているファンの人たちならわかると思いますけど、羽生選手が『自分の写真、カッコよかったです』とは絶対に言わないですよね。ほかのスケーターの写真を褒めるところが羽生選手らしいなと感じました。

また、羽生選手自身の写真だけではなく、ほかのスケーターの写真まで目を通してくれていたことに感激しました。あのひと言は、カメラマンとして『もっと頑張ろう！』という大きな励みになりました」

このころ、小海途の心にはさざ波が立っていた。

羽生に向けられた他紙のカメラマンのレンズから、同じようなシーンやアングルの写真が撮影されるようになっていたからだ。

「自意識過剰かもしれませんが、マネされているなというのは感じていました。会社の方針もあって、SNSに積極的に写真をアップするようになっていました。

すると、『小海途はこんな写真を撮っているのか』という手の内が知れてしまうわけですよね。撮影スタイルや、写真のチョイスが似通ってきているなとも感じていました。

でも、それは僕にとってはうれしいとか、悔しいということではなく、人にマネされる写真を撮っているうちは、大勢いるカメラマンの一人にすぎない、とあらためて自覚するだけでした。

唯一無二の存在である羽生選手を撮影するには、僕自身にも、誰もマネできない写真が求められるということだと思いました」

小海途は現状にあぐらをかいているわけではなかった。

羽生の魅力を伝えるため、他の追随を許さない、あるいは、ほかのカメラマンが撮影しない独自色を、新たに編み出す――。この思いが、後の代名詞となる写真を生み出す原動力となっていく。

④独自色を追い求めた「ハイキー」と「小海途ブルー」

写真の「個」を確立させるために――。

小海途は新たな試みに着手した。その一つが、19－20年シーズンのＮＨＫ杯からカメラのレンズの一つを変えたことだった。

新たに投入したのは焦点距離135ミリのレンズ。小海途は「少なくとも、新聞社のカメラマンのなかでフィギュア取材に135ミリのレンズを使ったのは、僕が初めてです」と断言する。

フィギュア取材において、カメラマンは近距離、中距離、遠距離の3つのレンズを用意する。演技写真は、遠距離用の400ミリをメインで使用し、中距離用の135ミリは、たとえばスケーターがリンクサイドに近い場所で演技をするシーンでの撮影に使う。従来は、幅広いレンジで撮影できる70~200ミリの焦点距離を変えられるズームレンズを使うことが定番だった。これは、近影にも望遠にも対応できるため、撮影の融通が利くからだ。一方、135ミリのレンズの特徴は、ピントが合う範囲が狭い、いわゆる被写界深度が浅い点にある。

極端に言えば、人の顔を撮影するとき、鼻にピントを合わせると、目はぼやけてしまう。ピントを合わせることが難しいレンズゆえに、動きのあるスポーツ報道の現場では敬遠されてきた。

しかし、小海途は振り返る。

「ピントが浅いということは、背景がよくぼけることを意味します。それは利点なんです。背景がぼけることで、たとえば、羽生選手が白いジャージーを着用しているとき、背景の氷との境目があいまいになります。写真が少しふわっとしたイメージになるというか、これは僕の写真の特徴でもあります。しかも、幸いというか、このレンズのデメリットとされるピントが合わせづらいという感覚が、僕にはありませんでした。なので、リスクというリスクを感じることもなく、浅いピントで撮影するようになりました」

いまとなっては、小海途を追うようにフィギュア担当のほぼすべてのカメラマンが135ミリのレンズを使用しているが、当時は衝撃的だった。

小海途は400ミリレンズのカメラを手に持ち、135ミリのレンズをはめたカメラを首から下げて撮影に臨む。さらに50ミリレンズのカメラを手元に置いておく。この135ミリのレンズで、勝負に出たのがNHK杯からの試みだ。羽生の練習の様子を撮影する前後、会場入りと会場を出て行くときの姿を狙っていた。

シャッターを切ったのは、練習のために会場入りするときの羽生だった。

ニチレイ
LOTTE

左腕を上げてバッグを肩に回すようなシーン。羽生はやや斜めに視線を向けている。これから始まる公式練習に向けて、あるいは翌日以降の本番に向けて、鋭い視線は勝負に挑む王者の心中を映し出しているようだ。

羽生が着用していたのは、白を基調としたジャパンのジャージー。そして、背景の壁も白い。135ミリで撮影した小海途の写真は、ジャージーと背景がぼやけて一体化している。

体の輪郭がはっきりせず、透明感のある羽生の表情も、背景に同化しているような写真だ。一瞬をとらえた表情にグッと引き込まれる一枚だが、小海途は苦笑する。

「この写真はレンズを変えて、いきなりこんなに（標準的な写真からかけ離れるように）振り切ってしまったんです。

これ、いいんじゃないかって。でも、社内の反応は芳しくなく、この写真は使ってもらえませんでした」

そして、明るく撮るという小海途の手法が、報道写真の常識を突き破る事態を招いた。

小海途には大きな葛藤があった。

氷は光を反射するので発光しているような状態になる。氷上のスケーターをカメラまかせで撮影すると、氷の明るさに引っ張られスケーターが暗く写ってしまう。それに応じて、人の肌や写真全体が黄色がかった色味を帯びてしまうことも小海途は気に入らなかった。

このとき、小海途が最も苦心したのは、羽生の「透明感」を写真に反映できない点だった。

「僕が氷上で見た羽生選手の肌は白くて、透明感がある。それなのに、氷の明るさに合わせて撮影すると、肌が黄色を帯びた色合いになってしまって、透明感が写真に出てこないんです。

カメラマンにとって、現場を忠実に再現することがセオリーなのだとすれば、羽生選手の透明感を映し出せていないというのは、セオリーに反していることになりますよね。

実際に自分の目で見た光景と、出来上がった写真に、明らかなギャップが生まれてしまいます。僕が見ている羽生選手はこうじゃないよな。もっと、透明感があるよね、ということなんです」

そこで小海途は、羽生の肌の「透明感」を忠実に撮影することを優先し、あえて写真の画面全体の色を明るく爽やかに仕上げる「ハイキー」という手法を取ることを思いついた。

写真の世界では、本来の色に対して、明るくなりすぎることを「露出オーバー」という。

これはネガティブな表現だ。

しかし、露出がオーバーしたような状態の「ハイキー」で撮影した羽生は、従来なら黄色を帯びていた肌の色が、本来の「透明感」のある白に近い色合いになる。

小海途は、羽生を撮影するときにはハイキーの状態で撮影することを好むようになっていった。

「『露出オーバー』と言われるかもしれませんが、一般的な露出の設定で撮影すると、氷に合わせていくので、肌の色合いは実際の色から離れてしまうわけです。

もちろん、新人のカメラマンがこの写真を出したら、絶対に怒られると思います。氷が白く飛んでしまってエッジの軌跡も何も見えないじゃないか、と。

だけど、僕は、その当時『露出オーバー』とされていた写真のほうが、羽生選手を忠実に撮影できると思っていました」

小海途が打ち出した、もう一つの「独自」の軸。

それこそが、白を「青く」撮るという撮影手法で、ファンや業界のカメラマンから「小海途ブルー」と名づけられた色合いの写真だ。

新聞社のような報道機関に属しているカメラマンには、現場の色を忠実に再現しろという〝掟〟が存在する。

「白は白く撮れということです」

報道現場では、テレビカメラの前にＡＤが白い紙を持って立ち、「白、オッケーでしょうか？」とそれぞれのカメラマンに確認を取る作業をよく目にする。あれこそが、白色を白色として撮れるようにカメラの調整をする作業なのだという。

しかし、小海途は白が青く映るように設定する。羽生の「透明感」を表現するためだ。そこに青みを加えたほうが、羽生の肌の「透明感」に近づけることができると思ったからだ。それによって全体はうっすら青くなり、背景の氷も青みを帯びる。

これが「小海途ブルー」だ。

「めちゃくちゃですよね。セオリーから外れきった写真です。でも、この色合いが僕にとっては、表現したい羽生選手の写真なんです」

自らこう認める小海途の顔には、逡巡のかけらもない。

「ＮＨＫ杯の一発目で送った思いきり振りきった写真は結果としては、紙面では使われませんでした（笑）。だけど、ネットで見たファンの方々が『攻めてきたな』というようなコメントをしてくださったんです。

受け入れてもらえたという、うれしさがありました」

五輪会場のように全体の照明が明るい場所では無理にハイキーの状態で撮る必要はなかったが、ＮＨＫ杯の会場となった北海道・真駒内セキスイハイムアイスアリーナは会場全体が薄暗く、効果てきめんだった。

さらに白を青くした上で、新しいレンズを通してのぞき込んだとき、青い感じで背景が溶けていく。

小海途はこう言って笑みを浮かべる。

「新しいレンズを通して見える世界がブルーに映るんですけど、僕は狙って写真を青くしたわけではなく、自分の感覚で色味と露出を調整していった結果、写真が青みがかっていたということなんです。

強いて言えば、僕はリンクの氷の色ではなく、羽生選手を忠実な色合いで撮りたかった。僕にとって、〝小海途ブルー〟と呼ばれる世界は、とても気持ちがいいです」

写真の趣にも、さらに大きな変化が加わるようになってきた。

「平昌オリンピックまでは、シーンを重視するというか、スポーツ報道の域の範疇で写真を撮っていたように思います。

羽生選手がオリンピックで金メダルを獲得したとき、最も象徴的なシーンを撮りたいというのは、まさにスポーツ報道の範疇でいかに人と違う写真を撮るかという視点です。一般的な色や露出で撮っていて、ある程度はスポーツ報道の枠組みのなかで撮っていました。だけど、このシーズンのNHK杯からはもっと『はみ出していく』と振りきるようになりました」

そこには、周囲の変化もあった。羽生の人気はさらに高まり、ファンは国内にとどまらず、海外へと広がっていった。

4回転半という前人未到の超大技の成功を掲げるアスリートとしての特性に加え、表現力という数値化できない部分でも他を圧倒する存在感を放つ。リンクの外では、柔和な表情と中性的な容姿が化粧品などのCMに引っ張りだことなった。

そんな状況に乗じて、各社の腕利きのカメラマンがフィギュアスケートの取材会場に足を運ぶようになってきた。

「僕は以前にも話しているとおり、自分自身は写真を撮ることがうまいとは思っていません。だから、同じようなシーンをみんなが一斉に撮影をしたとすれば、僕の写真は埋もれてしまいます。

平昌オリンピックが終わっても、会社が羽生選手を撮らせてくれる機会をくれたのは、僕が自分にしか撮れない羽生選手を撮っていきたい、もっと表現やアートに特化した羽生選手を撮りたいという強い思いが届いたからだと思っています。

僕の気持ちに応えてくれたからです。それなら、写真の世界の常識からはみ出してでも、リスクを背負ってでも、『尖った』写真を撮っていこうと思いました」

小海途は135ミリのレンズも駆使し、ぶれやすいリスクを負いながら、自分が撮りたい羽生の「透明感」を意識してシャッターを押した。

カメラの設定も青みがかった色合いに振りきった。羽生をとらえた色合いを見れば、他紙の写真との違いは一目瞭然だった。

「透明感」を求め、動きの速いジャンプなどの場面を取り逃しても羽生の表現を重視して狙いを定めた。

写真の趣向も「報道写真」から次第に距離を置くようになった。

たとえば20年2月に韓国・ソウルで開催された四大陸選手権。羽生はこのとき、プログラムを五輪シーズンの曲に戻す決断を下している。

ショートはショパンのピアノ曲『バラード第1番』、フリーは『ＳＥＩＭＥＩ』だ。五輪シーズン以来となる「必勝プログラム」を投入した羽生は、快挙を成し遂げた。

五輪と世界選手権、四大陸選手権、GPファイナルに加え、ジュニア時代の世界ジュニア選手権、ジュニアGPファイナルの主要国際大会6冠、「スーパースラム」の達成だった。

小海途はこのとき、演技とはまったく関係のない写真をレンズに収めていた。

それは、羽生がエキシビションのフィナーレのとき、優勝者が集まって記念撮影する場面で予期せぬ転倒をしたものの、無邪気に満面の笑みを浮かべている瞬間をとらえた一枚だった。

スーパースラムの偉業を成し遂げた王者の勇姿や強さを象徴するシーンとは異なる。五輪プログラムである『バラード第1番』や『SEIMEI』の象徴的な場面とも違った。

そうしたスポーツ報道写真ではなく、小海途は戦いを終え、エキシビションでの、アスリートの鎧を脱いだ羽生の素の表情をとらえた写真に「完全制覇の笑顔」とキャプションをつけた。

2月10日付でスポニチの紙面に掲載されたこの写真がファンの心に刺さった。さらに驚くべきは、スポーツ報道の分野でも評価された。

東京写真記者協会の表彰で、平昌五輪時の「『勝った〜!!!』金メダルの雄叫び」に続き、

この写真がスポーツ部門賞（海外）に選ばれた。

この賞が発表されたのは、20年11月27日。世界は大きな変化の波にのみ込まれていた。新型コロナウイルスの世界的な感染拡大だ。

アスリートも観客も、人と人の接触が避けられないスポーツはほとんどの大会が中止に追い込まれ、フィギュアスケートも20年3月に予定されていた世界選手権が開催できなかった。さらに20年夏に予定されていた東京五輪・パラリンピックの1年延期が決まるなど、未曾有の事態に見舞われる。

新型コロナウイルスの感染拡大が世界に暗い影を落とすなか、羽生は20年7月、国際スケート連盟が新たに創設した「ISUスケーティングアワード」で初代の「最優秀選手賞」に輝く一方、20－21年シーズンは多難の幕開けを迎えることとなった。

ぜん息の持病がある羽生は、自らや、大会に出場することでファンが移動する際の感染リスクを考慮し、GPシリーズ欠場という苦渋の決断を下したのだ。

被写体の羽生がフィギュアスケートの取材会場にいないという現実は、小海途に重くのしかかっていく。記者はたとえば、談話や取材のなかから記事を書くことができる。しかし、カメラマンは「現場」がすべてだ。

このときの心境を小海途はこう表現する。

「目の前に巨大な扉が降りて、すべてが閉ざされました」

続けて、こうも言った。

「そもそも仕事がどうこうの話の前に、世界がどうなるかという話ですからね。世界中で未曾有のウイルスが拡大して、死者も出ていた。考えられないことがどんどん起きて、日常が劇的に変わって、何も想定することができなくなりました。正直、先のことがまったく見通せなくなりました。カメラマンなのに、撮影する取材場所がなくなり、1週間先の予定も立たなかったです」

同年11月に受賞が決まったとき、小海途の談話がスポニチ紙面に掲載された。

「2月初旬に韓国・ソウルで行われたフィギュアスケート四大陸選手権は私にとって2020年唯一の海外取材となりました。

この時、私はその後の世界の惨状を想像できていませんでした。コロナの脅威は忍び寄っていたとはいえ、四大陸選手権は予定通り行われ、いつものように羽生選手は素晴らしい滑りで会場を沸かせました。

いつものように表彰台の真ん中で天に指を突き上げた絶対王者。この勝利で羽生選手はジュニア、シニアの主要国際大会を完全制覇する〝スーパースラム〟を達成しました。試合を終えた羽生選手は、氷上に寝転がり満面の笑みを浮かべました。偉業にふさわしい笑顔だなと感じながら私はシャッターを切りました。

今となれば、あの時間はとても特別なことでした。この笑顔を見るたびに、再び世界中で安全にスポーツが行われることを願ってやみません」

その願いが届くまで、長く暗い闇が世界を覆い尽くした。

⑤失敗さえも絵にする　驚愕の撮影シーン

新型コロナウイルスの感染リスクは、人と人が触れることで拡大する。「密」を避けろという言葉が根付くほど、人が集まることが「悪」とされた。

その影響は報道の現場にも大きな影を落とした。

フィギュアスケートを報じるメディアは新聞、テレビ、ラジオ、専門誌の記者、フリーランスのライター、そして、テレビの撮影クルー、新聞のカメラマン、フリーランスのフォトグラファーと多岐にわたる。

それぞれのメディアが視点に工夫を凝らした記事を書き、小海途のように写真に独自色を出すことで、多様な報道が実現する。ときには、首をかしげたくなるような記事が世に出ることもあるが、それも含めて「報道の自由」が保障された日本の強みでもある。

しかし、未曾有のコロナ禍の前で、報道は大きな制限を受けた。取材現場に足を運ぶことができず、多くのインタビューや取材がオンラインへと変わった。

本来の取材では、相手と対面することで、わずかな表情をくみ取りつつ、本音に切り込んでいくことができる。そして、カメラマンは被写体の一瞬の表情の変化や、現場で起きたどんな場面にもレンズを向けて、現場にいたからこその写真を狙う。

メディアが長年、築き上げてきたこうした手法は、型どおりの質疑と画面越しの写真撮影というオンライン取材によって、効力を失った。

善後策として導入されたのが、「代表取材」「代表撮影」だった。

すべてのメディアの記者やカメラマンが現場で取材すると「密」が発生する。メディアとしてはオンラインではなく、なんとか現場で取材をしたい。大会の主催者、競技団体との競技のなかでたどり着いたのが、すべてのメディアの代表者が現場で取材し、写真を撮影し、それを各メディアが共有するという取材手法だ。

20年12月に長野市のビッグハットで開催された全日本選手権は、羽生がこのシーズンで初めて出場を決断し、いきなり新プログラムを披露する重要な位置付けの大会となった。コロナ禍で練習拠点のカナダ・トロントに渡航できなかった羽生はコーチもいないなか、地元の仙台でたった一人での練習を繰り返してきた。

ショートは、コロナ禍に沈む世界に「沸き上がるような感情」を期待したロックナンバーの『レット・ミー・エンターテイン・ユー』、そして、フリーは戦国武将・上杉謙信の半生を描いた1969年のNHK大河ドラマ『天と地と』の荘厳な楽曲だ。三味線や琴の音を織りまぜた和テイストで、戦国時代を氷上に蘇らせる。武田信玄との壮絶な「川中島の戦い」は、全日本の会場と同じ長野が舞台でもあった。

カメラマンの代表撮影は新聞社の場合、それぞれの取材会場を管轄する写真記者協会によって運用方法が異なる。

長野市のビッグハットは東京写真記者協会の管轄で、一般紙、スポーツ紙とも幹事社がそれぞれ2人ずつのカメラマンを派遣し、会場で撮影することになった。

代表撮影は、翌年4月に大阪の丸善インテックアリーナ大阪で開催された世界国別対抗戦でも導入されたが、このときは関西写真記者協会が抽選によって、会場で撮影できる新聞社を決めた。幸運にも、スポニチは長野は幹事社で、大阪は抽選に当たり、羽生が2大会とも出場したことから、派遣カメラマンに小海途が選ばれた。

「僕は平昌オリンピックが終わったときから、羽生選手が出場する大会はすべて撮影するという覚悟を持って、会社にもお願いをしました。でも、スポニチが代表撮影に選ばれなければ会場に行けなかったわけです。本当に幸運でした」

小海途は羽生の取材機会を失うことがなかったことをこう振り返った後、「ただ……」と付け加えて苦笑した。

「代表撮影はめちゃくちゃやりづらかったです」

代表撮影は「個性」を殺すことで成立するからだ。どのメディアも使える写真は、一定のクオリティを確保した上で、個性が突出していないカットを求められる。

フィギュアの全日本でいえば、羽生がどんな演技をしたかが一目瞭然でわかればOKだ。むしろ、小海途がこだわるようなスケート靴が映っていないカットや、演技中のシーンではない写真は嫌われる。「定型」こそが理想とされる。

さらに言えば、〝小海途ブルー〟はもちろん御法度だった。

スポーツシーンを重視する報道の域から飛び出すことで、ファンや読者に評価されてきた小海途にとって、「代表撮影」で撮るという制約は、カメラマンとしての翼をもぎ取られたようなものだった。

「僕は、万人ウケする写真なんて、撮れないですし、撮るつもりもありませんでした」

代表撮影であっても、自社の紙面には撮影者として「小海途良幹」の名前が掲載される。署名入りの写真に妥協はできなかった。

小海途は腹をくくって、これまでのスタイルを貫いた。

「代表撮影としての立場は果たせていなかったかもしれません。そういう意味では、加盟社の方々にはご迷惑をかけてしまいました。でも、自分の写真をどこかの新聞社が紙面で使うとか、使わないとか、そういうことへの関心を持てなかったんです」

代表撮影の写真を配信した初日、スポニチの写真部には、各社から苦情の電話が殺到した。

各社からのクレームを引き受けた長久保が当時を振り返る。

「フィギュアスケートだっていうのに、（小海途が代表撮影をして送ってきた写真は）上半身アップは当たり前。一般紙や地方紙の写真部のデスクはびっくりしちゃったでしょうね。新聞のスポーツ報道の常識とはまったく異なる、規格外の写真が配信されてくるんですから。

しかも小海途ブルーですからね（笑）。ブルーに関しては、写真編集ソフトに入れて中間色の露出を下げれば、普通の色になります。

小海途がNHK杯で撮影したように、真駒内のリンクは照明が暗くて鬼門だったんです。適切な露出で撮影すると黄色味が乗ってしまう。小海途がやったように露出オーバーで青みを強く撮影して、あとから修正したほうがいいんです。

でも、『代表撮影なんだから』って苦情が殺到するわけです。味わいみたいなものが理解されないのか、『これは報道写真じゃない』って、ある社からは執拗に抗議を受けましたよ（笑）。

あまりにしつこく電話をかけてくる社には、私も頭にきましたよ。もう、自分が矢面に立つしかないってことで突っぱねました。

他社のデスクに向かって『おたく、センスがないんじゃないの』って。ハハハ（笑）」

スポニチの社内で長久保やデスクが他社の対応に追われていることは、会社とのやりとりのなかで小海途も耳にした。

ただ、スポニチは小海途を守ろうとした。かつて、競技に寄せた写真を求めたデスクたちも小海途のスタイルを尊重してくれた。

「デスクから言われました。いろんな社から、『どうしてこんなに青いんですか？』という問い合わせが来ていると。

だけど、会社が守ってくれました。

『これは小海途がやってきてつくってきた実績だから、変えろとは言わない』とも言ってもらいました。『会社のほうで苦情や問い合わせには対応して、納得してもらう。だから、好きにやったらいい』と」

小海途はうれしくて胸が熱くなった。同時に多少の躊躇もあった。

「2日目には、僕もなんというか、ちょっとやりすぎたかなと思って、多少は露出を戻したんです。でも、いま、見返しても、完全にブルーですね（笑）。やっぱり、あのとき、思ったんですよね。代表撮影とか、メディア側の都合で羽生選手の透明感を捨てることはできないって。だから、僕は撮りたい写真を撮りました」

実際、スポニチですら、長久保が言うように小海途ブルーに修正を加えることはあった。それでも、小海途は自分のフィーリングで露出を決め、羽生の透明感にこだわる写真を撮り続けた。

「僕は無理に青く撮っているわけではありません。色合わせをして自分が気持ちがいいと思える色で撮っているだけなんです。そんな個性も許されないのかと、少しケンカ腰になったところもありました。

僕は代表撮影で入っていますから、他紙に写真を配信する責任はあります。だけど、他社から指示されるいわれはないと思っていました。自分が撮ってきた羽生選手の写真があって、受け入れてくれるファンや読者の人たちがいるわけです。

僕以外にも代表撮影のカメラマンはいるわけですから、僕の写真を気に入らなければ使わなければいいというか、少し意地になっていましたが、スタイルを変えることはできませんでした」

当時、小海途の耳に入ってきたのは、小海途が撮った羽生の写真は「白すぎて、人間味がない」という意見だった。

ゆえに、代表撮影の写真は、各社の判断で赤をプラスして肌の色を編集されることがあった。

しかし、それは、現場で実際に羽生を見ていない人が「肌はこういう色だろう」という

決めつけでしかない。小海途の持論だ。

小海途はずっと、羽生の透明感にこだわってきた。

「よく、羽生選手は『人らしからぬ』って言われていると思うんです。人を超越したような姿に見えるというか。でも、羽生選手を撮るというのは、そういうことなんです。肌の色だけではなく、演技にしても、人を超越した表現をレンズに収めたい。だから、一般的に人間らしい色というのは、羽生選手を撮影する現場では通じません。それが、なかなか伝わらなくて、『なぜ、こんなに白いんだ』と言われることが、すごくもどかしかったです」

小海途は、この全日本で会心の一枚を収めることができた。

それは、演技本番の撮影シーンではない。公式練習日の一枚だ。

羽生がジャンプを着氷した瞬間のカットに、小海途が興奮気味に解説を加える。

「表情を含めて、単純に僕がカッコいいなと思ったんです。着氷の瞬間、スケート靴で削られてリンクの氷が粉砕されて、飛び散っているところもいいなと思いました」

小海途はこの写真について、こう続けた。

「じつはこの写真のジャンプ、途中で回転がほどけていきます。パンクと呼ばれる失敗で、両足で着氷しています。

競技上のジャンプという視点で見たら、失敗ですよね。でも、失敗しているのに、写真としては『決まっている』。僕のなかでも合格ラインに乗った写真なんです。

羽生選手は『失敗さえも、絵にするのか』と、秘めた可能性に驚かされた瞬間でした」

⑥コロナ禍で強行した世界選手権撮影

羽生は全日本を制し、年が明けた2021年の世界選手権代表の座を射止めた。

羽生が全日本出場への葛藤があったにもかかわらず、出場を決断したのは、この世界選手権に北京五輪の代表枠が懸かっていたからだ。

自身が出場を目指すと明言していたわけではないが、日本が10年バンクーバー五輪から3大会連続で守ってきた男子代表の最大3枠を失うわけにはいかない。エースの自負があった。

このときの世界選手権の会場は北欧、スウェーデンの首都・ストックホルムだ。

これが、北京五輪を前にした最後の世界選手権の舞台となる。

出場する選手たちは外部との接触を断つ「バブル」と呼ばれる環境下に置かれた。厳しい感染リスクへの対応が取られるなか、メディアが現地で取材できるのかは、直前まで不透明な状況だった。

平昌五輪以降、スポニチは小海途を羽生が出場する大会、公開練習のすべてに送り出していた。

今回も羽生が出場するなら……。一方、メディアの判断も割れた。現地でも取材対応はオンラインが前提となる。日本スケート連盟は可能な範囲で、現地に行かない社にも対応できるように日本と現地をオンラインで結ぶ対応を取ることになった。

しかし、写真は違う。現地に行かないと、自社の写真は撮影できない。小海途は長久保と相談を重ねるなかで、スポニチとしては取材許可が下りれば、現地取材を断行する方針を確認した。

長久保は当時、部長職を離れていた。小海途は長久保とも連絡を取りつつ、部としても会社の上層部へ派遣承認の要請を出した。

しかし、役員からは感染リスクを懸念する声が聞こえてきていた。そもそもスウェーデン政府から入国が許可されないという情報も錯綜していた。

小海途はそんななかで、さまざまな渡航ルートを調べた。

「カタール経由なら渡航が可能だとか、スウェーデンは国境を閉鎖していると言っているがトナカイを飼っている人はフリーパスで移動できている、という情報もありました。さらには、フィンランド経由のほうが入りやすいため、ヘルシンキからフェリーで行けば入れるのではないか、ということまで検討しました」

スウェーデンの入国条件には「特別な理由」と明記されていることもわかった。これに報道は該当するのかは不明だった。小海途は「短期の語学留学」と書かれていることに目をつけ、渡航目的を満たすために、現地の語学学校をリサーチしたりもした。

万が一にも新型コロナウイルスに感染してしまえば、取材に行く道は完全に絶たれる。そうはなりたくなかった。感染対策に充分に気をつけ、会社の判断を待った。

事態がなかなか動かないなか、フリーのカメラマンが現地に行く準備をしているという情報が、長久保を通じて入ってきた。さらには、新聞社でも、読売新聞はカメラマンを現地へ派遣する方向で動いているという。

会社として、どうするか。コロナ禍の対応については、自社の取材ガイドラインに沿った判断をすることになっていた。

長久保が旧知の役員に探りの電話をかけてくれた。

しかし、会社の上層部は依然として、現地への取材に難色を示しているようだった。3月10日、小海途のスマートフォンに届いた長久保からのＬＩＮＥにはこう記されていた。

「力及ばず……」

この時点で錯綜する情報を整理していくと、大会そのものが中止となる可能性もあるなかで、主催者である国際スケート連盟は渡航に関して許可や禁止の権限はなく、開催が決まった場合には、スウェーデン政府が海外メディアを国内の取材のために入国許可を出すかが大きな焦点だった。

スポニチはペン記者は派遣せず、小海途の派遣だけを検討していたが、なかなか進展しなかった。

小海途は思い悩んだ末に、長久保に一通のＬＩＮＥを返した。

「僕は会社を辞めても行きたい気持ちです」

夢だったスポーツ新聞のカメラマンとして、スポニチには数えきれないほどの恩義を感じていた。いくつものわがままも聞いてもらった。個人ではできない経験を積ませてもらい、フィギュアスケート写真というジャンルのなかで「神カメラマン」と称賛されるまでに成長させてもらった。コロナ禍で会社が慎重になっているのも頭では理解できていた。それでも、聞き分けのいい人間になれないのが、小海途の頑固な一面でもある。

「世界選手権が行なわれたら、羽生選手は出場するだろうと思っていました。もちろん、それは、羽生選手にとっても大きな決断だと思いました。

感染リスクに対しては充分に考慮し、20－21年シーズンのGPシリーズは欠場もしています。慎重に行動してきた羽生選手が北欧の国へ渡って、戦おうとしている。僕は羽生選手を追いかけたくて、平昌オリンピックのあともフィギュアスケートの現場でレンズを向け続けました。その覚悟は、コロナ禍でも揺らぎませんでした。

『会社を辞めてどうするんだ』と思われるかもしれないですが、先のことは考えていませんでした。

目の前のことに最善を尽くしたい。大会が中止になったり、開催地がロックダウンで入国できなかったりしたら仕方がないですよね。

でも、フリーや他紙のカメラマンは現地へ行く。僕は会社の都合で行けないというなら、行けない理由を取り払うために会社を辞めるしかないと考えました」

羽生を追いかけると決めたその覚悟が試されていた。

長久保にも思いは伝わっていた。返信には、こう記されていた。

「明日、役員に電話をする」

スポニチ社内でも検討が進んでいた。幸いにして、小海途と長久保がやりとりをしているころ、社内でも小海途の派遣を承認することが決まっていた。

部長からの連絡が小海途に入った。

「行かせてもらえることになったよ。継続してきたものを切らすわけにはいかないよね」

うれしさで胸が熱くなった。長久保にも連絡をすると、心から喜んでくれた。

小海途にとって、スポニチという組織は給料を払ってくれ、カメラマンとして自分を育ててくれた存在でありながらも、羽生を撮るという挑戦のなかでは障壁だととらえる一面もあった。

デスクから求められるスポーツ報道の定型や、原稿のトーンに合わせた場面の写真など……。紙面は編集局長以下、編集に携わる全員がつくり上げていく。ゆえに、デスクからの指示は、会社の総意でもある。

自分の写真をわかってくれるのは、会社よりも羽生のファンだ。そんな思いもあった。

しかし、徐々に社内の人たちが、自分の写真を認めてくれるようになった。なぜ、小海途が撮影する羽生の写真が、ファンに評価されるのか。デスクたちも、もとは現場で写真を撮影してきたカメラマンたちだ。

我を貫く小海途の気持ちと、その思いを表現した写真を見れば、どれだけ本気で「羽生結弦」と向き合っているかはすぐにわかった。

「世界選手権に行かせてもらえるというのは、僕の気持ちが会社に届いたんだと思いました。役員の人たちにも伝わっていたんだと思うと、本当にうれしかったです」

その後は渡航に向けて準備を怠らなかった。トルコ経由で入国する手はずを整え、渡航ルートも、コロナに海外で感染した際の保険も、あらゆる情報を調べて写真部を通じて役員とも共有した。

ところが、出国当日の羽田空港で、またしてもアクシデントに見舞われた。チェックインカウンターで、スウェーデンへの入国許可が出ているかを確認されたのだ。

小海途は、まずは現地へ向かい、入国できれば取材を強行するプランだった。しかし、航空会社は「入国できる保証がなければ、飛行機に乗せるわけにはいかない」と譲らず、スウェーデンに入国の確認がされることになった。刻一刻と出発時間が迫る。

「まだですか？」「まだ返事が来ません」

停滞するやりとりに、小海途の顔にもさすがに焦りの色が見えた。

出発の1時間前、ようやく搭乗許可が出て現地へ向かった。入国手続きもスムーズに終え、1週間の自主隔離を終えていよいよ大会への取材が始まった。

現地に来たのは、フリーや雑誌、読売新聞から派遣された7人のカメラマンだけだった。大会期間中は毎日、PCR検査を受け、陽性になれば即アウトという状況下で体調管理を徹底した。

7人のカメラマンは誰一人として陽性になることなく、撮影することができた。

モチベーション高く現地へ訪れたカメラマンたちにとって幸運だったのは、コロナ禍の影響で取材エリアが制限されてはいたものの、日本の会場に比べて撮影ポジションの選択肢が多いことだった。

「日本の会場だとなかなか撮れないアングルもありますから」

小海途はこの大会で押さえておきたい写真があった。

それは、羽生のフリー『天と地と』のジャッジ側スタンドからのカットだ。

「羽生選手の『天と地と』は、日本の和を象徴するプログラムでした。

この時点では公表もされていないし、確信があるわけではありませんでしたが、おそら

スポーツニッポン

http://www.sponichi.co.jp/

2021年（令和3年）3月28日【日】大安 第25817号 11版B

スポニチ

羽生

世界一返り咲きならず

まさかの3位

フィギュアスケート世界選手権最終日

（27日 スウェーデン・ストックホルム）

小海途 良幹

男子フリーが行われ、14年ソチ、18年平昌五輪連覇の羽生結弦（26＝ANA）はジャンプでミスが相次ぎ、182・20点にとどまり、合計289・18点で3位だった。ネーサン・チェン（21＝米国）が完璧な演技で3連覇を達成。

SP首位から

平昌五輪後、チェンに3連敗となった羽生の雪辱の舞台は、来年の北京冬季五輪となる。

【関係記事2面】

この悔しさ 北京で晴らす

日本男子五輪枠「3」獲得 ミッションは完遂

男子フリーで演技をする羽生（撮影・小海途 良幹）Ⓒ表彰式で並ぶ（左から）2位の鍵山、優勝のチェン、3位の羽生

国際舞台で初の「天と地と」

「凄い疲れました」

羽生は天を仰ぎ、苦笑いを浮かべた。SP首位で迎えたフリー。戦国時代の軍神・上杉謙信を題材とした「天と地と」を国際舞台で初披露したが、冒頭の4回転ループで着氷が乱れる。続く4回転サルコーでもバランスを崩し、後半には4回転トーループから連続技2本を決める意地を見せたが、終盤の3回転半も乱れた。

フリー4位で銅メダル。「凄い疲れました。自分のバランスが1個ずつ崩れていっていた。なるべく転倒がないようにと。自分らしくないジャンプが続いたので大変だった」と静かに振り返った。

新境地へ強化を進めてきた。今大会の出発直前まで前人未到の4回転半を試練習。「体を酷使してきた」と体重も3キロ増え、アクセル以外のジャンプの力強さと安定感も増した。この日の公式練習でも全てのジャンプを決めるなど調整は順調だった。だが、本番では成果を発揮できなかった。「感覚は悪くなかった。練習でもこのパターンはなかった」と百戦錬磨のスケーターは首をかしげた。

「バランス崩れていって…」

来年へ「ベストを」

連覇を果たした平昌五輪以来、ライバルのチェンには未勝利で、通算4勝5敗。今大会最大のミッション、北京五輪3枠確保に貢献し、今季のヤマ場は終わった。「次の試合がどうなるか分からない。ただ、時間があるのであれば4回転半を早く練習して、まずは着氷させて、完成度を上げて組み込めるようにしたいのが今の目標」。そして、言った。「ベストを尽くして、オリンピックが来ることを心待ちにしたい」。雪辱の舞台は、五輪シーズンとなる来季へと移る。

◇男子成績◇

順 選手名（所属・国）	合計	フリー	SP
①チェン（米国）	320.88	222.03①	98.85③
②鍵山優真（星槎国際高横浜）	291.77	190.81②	100.96②
③羽生結弦（ANA）	289.18	182.20④	106.98①
④宇野昌磨（トヨタ自動車）	277.44	184.82③	92.62⑥

平昌金以来チェンに未勝利

☆紙面編集 河部

く北京オリンピックもこのプログラムを演じるんだろうなと思っていました。

本人はまだ北京を目指すとさえ、明言していない時期だったのですが、僕のなかではそんな予感がありました」

とらえたのは、羽生の「覚悟」を印象づけるような写真だった。手をクロスさせた羽生の眼差しは誰よりも強く感じた。

「羽生選手の眼差しの強さに圧倒されました。強い眼差しから、僕は羽生選手の覚悟を感じ取りました。

日本の五輪枠獲得に貢献するために、コロナ禍にストックホルムまで渡航を決めた覚悟もそうでしょう。このプログラムで4回転半を跳ぶんだ、という覚悟も伝わってきました。

精悍な表情には、写真だからこそ、伝えられる現地の羽生選手の思いがあったと思っています。これは、現地に行ったからこそ、撮れた写真でした」

小海途の思いに応えるように、スポニチは羽生が3位となった世界選手権フリーの日の1面のメイン写真にこのカットを使った。

このころには、小海途ワールドが全開となっている。なんのスポーツかひと目でわかるようにするためという理由で重宝されてきたスケート靴は映っていない。羽生に演技中の動きもない。

それでも、この写真もまた、ファンの心を確実につかんだ。ここまで振りきれる小海途は、どんな心境で羽生と向き合い、フィギュアスケートを撮っているのか。

小海途の答えは明確だった。

「僕はフィギュアスケートの表現を撮影しています」

スウェーデンから無事に帰国した小海途は安堵した。

「羽生選手を撮影するということを継続できたことが一番でした。羽生選手の挑戦や軌跡を線として写真で描くことができた。世界選手権に行かず、あそこでいったん切れてしまうのと、切れていないのでは大きな違いがあると思っています。

リスクを背負って、覚悟を決めて向き合う。羽生選手はそれだけのスケーターであり、彼自身が僕たち以上に強い覚悟で臨んだ世界選手権でしたから。周りの理解、会社の理解に感謝しつつも、あのときの世界選手権を撮影したということは、僕のなかでも大きな意味を持ちました。

そして、羽生選手を撮りたいという気持ちがなおさら強くなりました」

羽生は帰国後、世界国別対抗戦へ出場した。「ここに演技を残したい。誰かしらの希望であったり、何か心が動く瞬間であったり、誰かの光になれるように」

そんな羽生の思いがエキシビションに向けた公式練習で具現化した。

21年4月17日、羽生は鬼気迫る表情を見せた。挑んだのは、クワドラプルアクセルへの挑戦だった。大会が終わり、本来であればリラックスした選手たちの素顔に向けたシャッターチャンスだ。小海途もそんなふうに構えていた。

ところが、リンクに姿を見せた羽生は試合のような気迫をまとっていた。午後1時25分から始まった練習の途中、羽生は助走のコースを何度も確認し、1回転半や2回転半を跳んだあと、いよいよ4回転半の挑戦へギアを上げた。

「慌てましたよ。最初はリンクインの様子を撮ろうと思っていたんです。ところが、どうも様子が違う。慌てて4回転半が撮れる場所に移動しました」

レンズを向けた小海途はゾクゾクしていた。

「僕は羽生選手のアクセルを真横から撮れる場所で構えていました」

公の場でクワドラプルアクセルに挑むのは、19年12月のGPファイナル（トリノ）での公式練習以来だった。

「もう、怒濤のようなアクセルの連続ですからね。

僕たちも4回転半を降りた選手を誰一人として知らないわけです。だから、どんなふうに成功するのかもわからない。どこかで降りる（成功する）んじゃないかとレンズ越しに期待して、やっぱり興奮しましたね」

転倒は6回を数え、途中に回転が抜けたジャンプも複数あった。

何よりも驚かされたのは、転倒時の衝撃音だった。高く舞い、細い軸で速く回転しても、着氷が間に合わない。羽生はそのたびに、氷に激しく打ちつけられた。

思わず目を背けたくなる光景にも、小海途はレンズを向け続けた。そして、ふと頭の中で想像が膨らんだ。それは、真夜中のリンクで一人、4回転半に挑む羽生の姿だった。

「4回転半のジャンプって、ものすごく激しいんです。羽生選手はこんな練習を一人でずっと続けてきたのか。愕然としました。その孤独とひたむきさに心が震えました。真夜中に一人ぼっちで練習する羽生選手の様子を見ているような感覚に陥りました。もしかしたらあるかもしれない成功の瞬間に備え、ずっとシャッターを押していました」

なぜ、エキシビションの練習で羽生はここまで果敢に挑戦を続けたのか。小海途はこんな仮説を立てた。

「挑む姿が、コロナ禍でどんよりと沈む世の中へのメッセージになると思ったんじゃない

でしょうか。4回転半への挑戦はとても大変で、苦しいことですよね。そんな姿から何かを感じとってほしいと願った行動だったようにも思います」

何度も転倒を繰り返し、それでも、羽生は立ち上がって、また4回転半に挑んだ。そういうなかで見せた表情やしぐさが、小海途の写真として記録されている。

翌日の紙面では筆記体で「Road to QUAD AXEL」の見出しとともに、羽生が挑んだ4回転半の連続写真に、転倒後に「闘志」を前面に出して何かを叫んだようなショット、さらには右手を突き上げて何かをつかみ取ろうとするようなしぐさの写真が使われた。

五輪プレシーズンが終わり、いよいよ北京五輪シーズンへと突入する。

羽生はこの時点で北京五輪への挑戦の意思を明らかにはしておらず、ただひたすらにクワドラプルアクセル成功への意欲を高めていた。

第6章
慈愛

①青く染め上げた羽生の可憐で儚げな闘志

栄光の五輪連覇から年月は流れ、再び五輪シーズンを迎えることとなった。

抜群のスタイルから美しいジャンプと感受性の豊かな表現力を併せ持った新鋭として躍動したソチ五輪シーズン、絶対王者として君臨して大きなケガを乗り越えて頂点に立った平昌五輪シーズンを経て、コロナ禍という未曾有の事態に見舞われるなかで前人未到の超大技であるクワドラプルアクセルの成功に照準を定めて迎えた、羽生にとっては3度目の五輪シーズンだった。

小海途にとっても、長いようで短い時間が流れていた。

平昌五輪で魅せられた王者のその先を追い求め、どんな状況でも現地でレンズを向けることにこだわってきた。

羽生が孤高の存在であるならば、小海途もスポーツ報道に携わる新聞のカメラマンとしてはいつも孤高だった。

それでも、信念を曲げることなく自我を貫けたことは、羽生という被写体があったからこそ、だった。

羽生は五輪シーズン開幕の時点では、まだ北京五輪を目指すと明言はしていない。見据える先にあるのは、クワドラプルアクセルの成功だけだった。

そんな矢先、大きなアクシデントが発生した。

21年11月4日。日本スケート連盟より「右足関節靱帯損傷」を理由に、羽生にとってシーズンの初戦となるGPシリーズ、NHK杯欠場が発表された。負傷箇所の回復は思うようにはいかず、11月17日には、ロシア杯の欠場も決まった。

羽生にとって、右足首は過去に何度も負傷を繰り返した部分だった。このときは、フリーの練習中に見舞われたアクシデントだった。

羽生自身がNHK杯欠場の際のコメントで触れたように、「たった一度の転倒」が多くのプランを狂わせることになってしまった。

GPシリーズは2戦とも欠場することになり、GPファイナルにも出場できなくなった。ほかの大会にもエントリーをしていなかった羽生が公の場に姿を見せたのは、21年12月の全日本選手権だった。

北京五輪の最終選考会を兼ねた全日本がシーズン初戦という状況は、まさに異例の事態だった。

振り返れば、コロナ禍から苦しい時間の連続だった。一人で練習と向き合い、孤独も味わった。この間、不調の波にのまれ、一時は絶対的な武器であるトリプルアクセルを跳べなくなったという。

それでも、アクシデントを乗り越えるたびに強く、たくましく成長を遂げてきた羽生は、このときも不死鳥のごとくリンクへと舞い戻ってきた。とっておきの超大技を携えて――。

それは、平昌五輪から4年の歳月をかけて追い続け、突破口となる小さな、小さな糸口を探ってきたクワドラプルアクセルだった。

全日本の公式練習後の取材で、4回転半を組み込むかを問われた羽生はこう明言した。

「はい。フリーの前半に入れる形にしたいです」

小海途は全日本でも、超大技に挑む羽生の一挙手一投足を追いかけた。公式練習でクワドラプルアクセルに挑戦して跳び上がった一瞬、時計の針が止まったような感覚に襲われた。長く高い滞空時間だった。

「僕らの感覚は主観的なので、同じ1秒でも長く感じたり、一瞬だったりします」

カメラのシャッターはトリプルアクセルもクワドラプルアクセルも10数コマ、シャッターが連続で切られている。

クワドラプルアクセルは誰も跳んだことがない。難攻不落のジャンプだということもわかっていた。

しかし、「高さを感じました。降りるんじゃないか、という期待感が高まりましたね」と小海途は述懐する。

21年4月の世界国別対抗戦のエキシビションの練習も目にしていたからこそ、進化の変化をとらえることができていた。

小海途の直感は確かだった。

迎えた12月26日の男子フリー。羽生は冒頭で高く、美しく、幅を持って跳び上がった。会場が固唾をのんで見届けた瞬間だった。

転倒はなかった。

必死にこらえた。

しかし、無情にも回転がわずかに足りず、両足での着氷になった。回転不足で扱いも3回転半だった。それでも、挑戦の軌跡を刻んだ手応えは残した。

もちろん、小海途のレンズもこの瞬間を押さえていた。

小海途の印象に残った全日本は、意外にもショートだったという。五輪シーズンの新ショートは、19世紀のフランスの作曲家であるサン＝サーンスの代表曲の一つとして知られる『序奏とロンド・カプリチオーソ』のピアノバージョンだ。羽生がこだわり抜いたプログラムには、「曲に乗せる気持ちが強くあります。ジャンプだけじゃなく、全部を見てもらいたいです」という願いが込められている。

羽生もファンも『ロンカプ』と略す傑作のプログラムと対峙した小海途がつくり上げた、「ブルーの世界」を全開にした一枚の写真がある。

背中越しにとらえたこの一枚は、ショート直前の6分間練習のときの羽生だった。いきなりのシーズン初戦で、しかも北京五輪最終選考会を兼ねた全日本。重圧は半端なく、そのなかでどんな闘志を見せるのか。

だが、羽生が見せた表情は、闘志とは対照的な儚さだった。「戦いの前の姿にしては、あまりに可憐で儚げで」。氷を青く撮ることで、羽生の透明感がさらに際立った。

そして、ショートに向かう直前の羽生が、2枚目のこだわり抜いたショットだ。

戦いに挑む羽生が直前までイヤホンで音楽を聴き、本番に向けて集中力を高めている。

そんな羽生を真横から撮影した写真は、世界そのものが「青く」なっている。

「6分間練習の写真も含めたこれまでの『小海途ブルー』と呼ばれる写真に対して、この写真は新たな『小海途ブルー』です。自分で『小海途ブルー』って呼ぶのも変な感じがしますが（笑）。

実際にそこにある青いものを利用して、写真を青くしました。もう完全に『青』の世界です。かつ、羽生選手の衣装も青が多いですよね。ブルーのワントーンで絵をつくったイメージです」

あらためて、小海途ブルーの神髄とは何か。小海途は言葉を選ぶように話した。

「羽生選手が、僕の写真を青くした、とも言えます。羽生選手に合った絵づくりをしていくなかで写真が青くなっていったんです。僕がなんでもかんでも青く撮るかといえば、そんなことはありません。赤く撮りたいときもあります。

でも、羽生選手と向き合うなかで出てきた色合いが青でした。『小海途ブルー』は、まさに羽生選手のカットに適したトーンです。なぜ、羽生選手に青が似合うのかというのは、僕も考えたことがあります。

佇まいや演技のなかでの雰囲気、可憐で儚げで消えていってしまいそうで、でも確かに

そこに存在する大きなエネルギーの塊。それをどうやって写真に出していけばいいかを突きつめていくと、『青』が合いました」

そして、興味深いことを言った。羽生を包み込む闘志について、だった。

「羽生選手は、いつも煮えたぎるような、すごく燃えるような闘志を見せるんですが、ただ、なんというか、その闘志は『陽』ではない気がするんです。

赤く燃えている感じではなく、少し抑圧されているというか、完全に解放された闘志というよりは、どこか静けさも感じる燃え方をしているように思うんです。これは僕がレンズ越しに見てきた、あくまで印象です。

そうなると、羽生選手の闘志をイメージしやすいのは、赤ではなく、青なんじゃないかと思っています。青い色の炎は静けさをまとっているように見えますが、赤い色の炎より温度は高いですよね。

静かだけど、強烈。羽生選手の闘志って、まさにそこだと思うんです」

2枚の写真から小海途が伝えた羽生は「戦いに挑む姿」だったという。鋭い眼光や派手な体の動き、気迫がにじみ出るような固定観念を押しつけた写真ではない。

羽生らしく、儚げに、静かに、青く、それでいて強くたぎった闘志を表現した。もう誰

も、小海途がとらえる羽生に「定型」を求めることはなかった。

「スケート靴が映っていないじゃないか」

「フィギュアスケートだとひと目でわからないじゃないか」

従来の「定型」に照らし合わせて、逸脱したという理由からなされたこうした指摘が、いかに無意味なものだったかを、小海途は長い年月をかけ、羽生を撮り続けることで、ファンはもちろん、読者にも、会社にも、周囲のカメラマンにも納得させることができるようになった。

「羽生選手は氷の上で表現するスケーターですが、写真を撮る上で氷は必須ではないというのが僕の考えです。なぜなら、氷に立つ前の戦いに挑む姿も羽生選手だからです。新聞で使える写真は限られています。だからこそ、現場のカメラマンのセンスが問われるのは、もちろん、会社とのコンセンサスも必要になってきます。

これまでの型にはまった写真がいい写真と凝り固まった見方をしていたのは、新聞社です。そのことに羽生選手のファンは気づかせてくれた。いろいろな羽生選手がいる、ということです。

これまでのようにジャンプを跳んでいるとか、演技のあとに笑顔を見せているとか、ガッツポーズをしているとか、そういった既存の枠に羽生選手を当て込んでも、収まらないということを、ファンは知っていたんだと思います。

だから、僕が少しはみ出したとき、その写真を認めてくれた。ファンの人たちとのコミュニケーション手段は、僕の場合は写真です。自分が撮った作品をどんなふうに受け止めてくれるか。それがすべてだと思って、写真と向き合ってきました。

そんな僕の写真に対し、本当に多様な写真を受け入れてくれました。

従来の報道の世界ではNGだった写真も、羽生選手のありのままの魅力を伝えることができていれば、許容してくれました。僕のなかで、羽生選手のファンの写真の見方に対する信頼感が高まっていくと、僕もより大胆な撮り方をしていけるわけです。

勇気をもらって、シャッターを押すことができます。そうして撮った僕の写真が、ある意味でフィギュアスケートのスタンダードになっていっていることに、会社も気づいていく。そうすると、僕はもっとはみ出していいんだと、たくさんの挑戦ができるようになっていきました。

平昌オリンピックからの4年をかけて、ファンの人たちが思い描いていた羽生結弦という実像に、僕らが徐々に追いついていったんだと思います」

羽生は全日本を圧倒的な演技で制し、その後に北京五輪出場への決意を固めた。

「(北京五輪に) 出るからには、勝ちをしっかりつかみ取れるように、武器として4回転半を携えていけるように、精いっぱい頑張りたいです」

小海途は胸が高鳴る思いでこの言葉を聞き、2ヶ月後へと思いを馳せた。

②ひそかに待ち続けた選手村のミックスゾーン

中国の首都・北京の2月は底冷えするような寒さだった。

2008年夏季大会に続き、史上初めて同一都市が夏と冬の五輪を開催した22年北京五輪。日本国内に限らず、世界中の注目を集めたのがフィギュアスケート男子で3連覇が懸かる羽生だった。

2月6日、羽生は現地へ入った。感染対策のため、防護服姿の現地スタッフにガードされていた。JOCからの「本日無事北京へ到着いたしましたことをお知らせいたします」との発表で明らかになった。

このとき、小海途は、羽生がいつ現地へ入るかをずっと待っていた。

五輪期間中、選手や関係者が滞在する選手村には、取材スペースのミックスゾーンが屋外に設けられていた。写真撮影も許可されていた。この場所から数百メートル先に、到着後の選手たちが通る場所があった。

とはいえ、羽生を撮影できる可能性が低いことは重々に承知していた。

ただ、わずかでも可能性があるのなら、その瞬間を逃すわけにはいかなかった。大会前の4日、5日、小海途はいつもここに来た。ときには雪も降った。氷点下に厚着をして、ひたすら立っていた。他紙のカメラマンや記者がいるときもあったが、そうではないときは一人で600ミリの望遠レンズでひたすらにその瞬間を待っていた。

「あなたは、いつもここにいるけど、何をやっているの？」

運営スタッフの女性が不思議そうに声をかけてきたこともある。

「Yuzuru Hanyu（羽生結弦選手）を待っている」

そう答えると、女性は納得したように頷いた。

「スーパースターを撮影できる可能性に懸けているのね。撮れたらいいわね」

応援するように微笑んでくれた。

カメラマンにとって、撮影の対象が来ないことを〝空振り〟という。来る日も来る日も

〝空振り〟が続いた。

「今日も来ないわね」

スタッフの女性との会話も続かなくなってきた。

それでも、わずかな可能性を信じて待つことも仕事のうちである。北京に到着する航空機の便を調べ、移動時間などを考えると、夕方から午後7時前後にここを通るかもしれない。そう思うと、不思議と苦痛に感じることはなかった。

他紙のカメラマンはすでに他競技も含めて五輪会場で撮影をしていた。これに対し、スポニチから北京五輪に派遣されていたのは、小海途1人だけ。小海途が羽生を待っている間、スポニチには北京から1枚も自社の写真が届いていない。

端から見れば、仕事をしていないようにみえる。それでも、羽生がもしも姿を現わすのなら、その瞬間の表情をとらえたいと思った。

羽生という被写体を撮影するに際し、ときにスポーツ報道を否定しながら撮影に挑んできた小海途だったが、彼の奥底には、フォトジャーナリストとしての血も流れていた。誰もが「どうせ、来ない」と思っている場所で、何時間でも寒さに耐えて、〝空振り〟覚悟でも、わずかな可能性に懸ける。

これは、スポニチという新聞社で虎番時代から培ってきた「スクープ」に対するこだわりだった。

現地入りの報道がなされ、羽生が選手村のミックスゾーンに姿を見せることはなかった。それでも、小海途の心は晴れやかだった。

「僕は誰よりも、羽生選手を待ち続けた。オリンピックを迎えるにあたって、自分の信念を確認するための時間だったと思っています。人一倍、羽生選手を撮りたいという思いが強くなりました。だからこそ、北京オリンピックがいよいよ始まるんだ、という思いも強くなりました」

そして、ついに幕を開ける。

五輪連覇の絶対王者、羽生の3度目の五輪が幕を開ける。

小海途はどんな気持ちで、北京五輪の羽生と向き合おうとしていたのか。

「もちろん、理想は4回転半を決めて、3連覇の金メダルに輝く結果です。どんな情景になるかはわからなかったですが、そんなシーンを象徴できる写真を撮ればいいなと思っていました。

不思議と、平昌のときとは違う感情がありました。平昌のときは、羽生選手も金メダルという結果にフォーカスして大会に臨んでいたと思うんです。今回はどうなのだろうか、と」

その上で、「あくまで僕のなかで、ですよ」と断って言葉を続けた。

「羽生選手は全日本のショートで完璧な結果を残しましたよね。

あの結果が、羽生選手にどのような影響をもたらしているかが、読みきれていませんでした。あのショートができれば、金メダルがぐっと近づきますよね。自信も手応えもあったはずです。

それでも、フリーではこの4年の集大成として、4回転半を組み込んでくるのか、あるいは4回転半を封印して勝負にこだわってくるのか。王者である羽生選手の考えは、これだけの年月を追いかけてきてもつかみきれませんでした」

それは、小海途だけではない。羽生が3度目の五輪を目指すのか、という問いかけに関しても、多くの番記者たちは全日本で本人が明言するまで確信を持てなかった。

羽生は、すでにフィギュアスケートを「競技会」という枠組みでとらえていなかったのかもしれない。最大のモチベーションと言いきったクワドラプルアクセルへの挑戦は、勝負の世界とは切り離した「孤高の戦い」でもあった。

4年に一度の五輪を必ずしも節目の大会としてとらえていないのだろうか。羽生にとって、北京五輪はどんな大会になるのか。どんな結末を迎えるのか。誰もが読みきれないなかでの大会だった。

それゆえに、小海途もフォトポジションを決めきれずにいた。

公式練習が行なわれている本番リンクへ足を運んでも、いくつもの迷いが生じていた。フリーのクワドラプルアクセルにフォーカスしたポジションを探り当てようか、あるいは平昌五輪のときのように金メダルを象徴するシーンでレンズを構えるべきか。

リンクサイドで暗中模索するなか、リンク奥のバックヤードに立つ人影が小海途の視界に入った。

③背中が語った「覚悟」と「孤高」

フィギュアスケート会場では、選手は演技前、リンク奥のバックヤードから姿を見せる。羽生も一人で現われる。きらびやかなスポットライトを浴びるリンクとは対照的に、そこは飾り気もなく、薄暗いスペースでしかない。

しかし、その場に一人で立ち、演技に備える羽生をイメージした小海途は、「リンクへ入っていく羽生選手を撮りたいと思いました」と打ち明ける。

リンクへ入っていく――。

つまりは、戦いの幕開け直前のシーンだ。

小海途はふと4年前の光景を思い出した。

絶対王者の傍らには、トロントで師事したブライアン・オーサーが寄り添っていた。ジャンプコーチのジスラン・ブリアンがいて、スケーティングスキルを指導したトレイシー・ウィルソンが見守っていた。

最強のサポートが、最強の王者を頂点へと導いてくれた。だからこそ、ケガも乗り越えることができた。

ところが、北京五輪までの道のりは違っていた。コロナ禍が環境を変えた。練習拠点のトロントへの渡航を遮られ、北京五輪までの多くの時間を羽生は日本国内で過ごした。たった一人で真夜中のリンクで滑った日々は、孤独との戦いでもあった。

バックヤードから現われた羽生の背中は、まさにこの4年を象徴するような雰囲気を醸し出していた。

BEIJIN
NG 20

「僕のとらえ方としても、羽生選手の北京オリンピックは一人で戦いに向かうという要素がありました。

戦いに挑む決意、覚悟と合わせて、孤独、孤高というのもここまでの道のりを表現するのに大切な要素だと思いました。

誰も踏み込めない、踏み入れてはいけない、羽生選手が一人で向き合ってきた聖域というか、コーチ不在はもちろん、4回転半に挑む求道者としての孤独もあったと思います。

この写真は、表情すら映っていませんよね。でも、羽生選手の決意と覚悟、そして孤独という大きな要素が全部、伝わるような気がしました。

しかも、またしても、このときに奇跡が起きたんです。僕が最初にレンズを向けていたとき、羽生選手は僕に背を向けて立っていました。

ところが、羽生選手はそのあと、後ろを振り返るように少し顔を斜めにしました。僕がカメラを向けているなんて、もちろん羽生選手は知りません。だけど、僕が表現したかった雰囲気には完全な後ろ姿より、少し顔が見えているカットのほうが合っていました。

だから、僕はあえて、羽生選手が斜めに顔を〝向けてくれた〟という言葉を使いたいです」

フォトポジションでいえば、会場のジャッジ席の対面だったその場所は、演技中もメインのポーズなどはジャッジ側へ向けられるため、最も人気がない。演技を撮ることを考えれば、避けたい場所だが、小海途は「自分が撮りたいシーンを優先しました」と振り返る。この日の紙面にどんな写真を使うか。そのことよりも、背中越しに無言で語る羽生の姿を撮りたかった。

2月8日の男子ショートは波乱の幕開けとなった。

昨年末の全日本で圧巻の演技を披露した『序奏とロンド・カプリチオーソ』の冒頭で、予期せぬアクシデントに見舞われたのだ。

「BEIJING 2022」と五輪マークがあしらわれたリンクで滑りだした羽生が、最初に予定していた4回転サルコウが抜けてしまった。

羽生が演技後に「完璧なフォームで、完璧なタイミングで跳んだはずでした」と振り返ったジャンプが、王者の想定を崩したのには明確な原因があった。

跳び上がる直前、わずかに掘れていた氷の穴にスケート靴のブレード（刃）がはまってしまったのだった。

滑り終えたあと、サルコウが抜けた地点にわざわざ向かった羽生が自らの目で確認したまさかの事態だった。それでも、その後は崩れなかった。

想定外だったものの95・15点と踏ん張った。ショート8位。王者は絶望の淵でそれでも、前を向いた。

「95点を出していただけたのは、すごくありがたかったです。それだけ、ほかのクオリティを高くできたということは、自分を褒めたいなと思いました。フリーに向けて、コンディションがまだしっかり整った状態でいられます。演技に関しては、すごく自信がある状態です。あとはもう、神のみぞ知るっていうか。まだ時間はあるので、時間を有効に活用しながら、(フリーを)完成されたものにしたいなと思います」

スポーツ報道の視点から言えば、うなだれた羽生の表情が紙面を飾るのが定説だろう。しかし、スポニチの紙面はそうではなかった。

紙面の写真は、演技中に両手を広げたシーンだった。そして、見出しには、「4Aで伝説　羽生は『神のみぞ知る』世界へ」と本人のコメントを引用した。

このカットも、「小海途ブルー」の色合いで、羽を広げた渾身の一枚だった。小海途のイメージには、開催地である中国の山々を背景に、フリーへ向けて翼を広げている羽生の姿があった。

このカットを撮るには、角度的に高いポジションからの撮影が求められた。このことも

「神のみぞ知る」世界へ

予定構成表の1番目に

○…10日の男子フリーのスタートリストが発表され、SP8位の羽生の予定構成表の1番目のジャンプに、クワッドアクセル（4回転半ジャンプ）を示す「4A」の文字が記された。4回転サルコーから続く3番目には3回転半－3回転ループを投入。昨年12月の全日本選手権では2回転トーループだった後半を3回転ループに変更して基礎点が上がった。

◇羽生のフリージャンプ予定◇

4回転半
4回転サルコー
3回転半－3回転ループ
3回転フリップ
4回転トーループ－3回転トーループ
4回転トーループ－1回転オイラー－3回転サルコー
3回転半

◇男子フリー滑走順◇

組	順　選手名（所属・国）	日本時間
3	⑲グラッスル（イタリア）	12:43～
	⑳金博洋（中国）	12:50～
	㉑エイモズ（フランス）	12:58～
	㉒メッシング（カナダ）	13:06～
	㉓羽生結弦（ANA）	13:14～
	㉔セメネンコ（ROC）	13:22～
4	㉕ブラウン（米国）	13:38～
	㉖クビテラシビリ（ジョージア）	13:46～
	㉗車俊煥（韓国）	13:54～
	㉘[redacted]（トヨタ自動車）	14:02～
	㉙[redacted]（オリエンタルバイオ・中京大）	14:10～
	㉚チェン（米国）	14:18～

前人未到クワッドアクセル

▽クワッドアクセル（4回転半）　6種類の4回転の中で唯一、成功者がいないジャンプ。国際スケート連盟が定める基礎点は最高の12.50点で、ルール改正により17～18年シーズンまでの15.00点から下がったが、ルッツの11.50点より1点高い。左足で前向きに踏み切るため、後ろ向きで踏み切る他のジャンプより半回転多い。羽生は昨年12月の全日本選手権のフリーで初めて試合で挑み、両足着氷で成功はならなかった。

過去2回1位から逃げ切り

○…羽生は連覇を達成した14年ソチ大会、18年平昌大会ともSP1位から逃げ切っており、逆転を狙うのは3度目の五輪で初めてになる。SPとフリーの2部構成になった92年アルベールビル大会以降8大会の男女シングルで、SP下位からの最大逆転は02年ソルトレークシティー大会女子のヒューズ（米国）で4位から。羽生自身は17年ヘルシンキ世界選手権で、SP1位と10.66点差の5位からフリーで当時の世界最高得点をマークして逆転優勝を飾っている。

◇羽生の五輪シングル成績◇

大会	SP	フリー	計
14年ソチ	1位 101.45	1位 178.64	金 280.09
18年平昌	1位 111.68	2位 206.17	金 317.85
22年北京	8位 95.15	？	？

男子SPで演技をする羽生　　撮影・小海途　良幹　紙面編集・浦野　亮太

SP8位 明日逆襲のフリー

スポニチ

4Aで伝説 羽生

北京五輪 BEIJING 2022 第5日 8日

スポニチ五輪取材班
北京（中国）
ペン 木本 新也 西海 康平
大和 弘明 武田 政樹
カメラ 小海途良幹

スポーツニッポン
http://www.sponichi.co.jp/
2022年（令和4年）2月9日【水】先負 第26125号 11版B

ふだんの夜を、ちょっとリッチに。
アサヒ ザ・リッチ
アサヒビール株式会社

フィギュア

フィギュアスケート男子ショートプログラム（ＳＰ）が行われ、94年ぶり３連覇を狙う羽生結弦（27＝ＡＮＡ）は95．15点で８位スタートとなった。冒頭の４回転サルコーの回転が抜けるミスで０点となり、ＳＰ１位だった過去２大会に続く好発進はならず。首位と18．82点の大差がついた。「天と地と」を舞うあす10日のフリーでは、最大の野望である世界初のクワッドアクセル（４回転半ジャンプ）成功を目指す。 【関係記事スポーツ・芸能面】

冒頭４回転サルコーまさか…「氷に嫌われちゃった」

13年以来フリー最終組逃す

これは五輪の神様が与えた試練なのか。演技後の羽生は、悔しそうにミスの出たジャンプの踏み切り位置をのぞき込んだ。諦めがつかず、４方向へ礼をした後にもう一度、確認。「まじか」「はまった」とつぶやいた。過去２大会スタートダッシュを決めた王者が、８位での折り返し。フリー最終組となる６位以内を逃すのは、個人戦に限れば13年３月の世界選手権（ＳＰ９位）以来だった。

冒頭でアクシデントに見舞われた。予定していた４回転サルコーは、踏み切った後、体の回転をほどき、まさかの１回転。「完璧なフォームで完璧なタイミングでいったら、トージャンプの穴だった。頭が体のことを防御してしまった」。19年世界選手権でも失敗が出た鬼門のジャンプ。当時は自らが直前の６分間練習で跳んだ跡にはまった。その反省を生かし、６分間練習で跳ぶ位置をずらしたが、それでも穴があった。出来栄え点を含めて13～14点台が見込める技がＳＰの必須要素を満たせずに０点。「嫌われることしたかなぁ。氷に嫌われちゃったな」と首をかしげた。

優雅に舞ったピアノ曲「序奏とロンド・カプリチオーソ」。１つのミスが際立つのは、他の要素が完璧だったから。４回転―３回転の連続トーループで出来栄え評価（ＧＯＥ）で4．07点の加点がついた。連続ジャンプで４点台がつくのは羽生だけだった。スピン、ステップも当然のように最高レベル４でそろえ、後半のトリプルアクセルも完璧。１要素抜きでの95点という評価に「凄くありがたい。他の質が高くできたのは、自分を褒めたい」と話した。

４回転半「自分のベストを」

準備に後悔はない。昨年12月の全日本選手権を終え「やれることは多分アクセルぐらい」と言った。超大技の４回転半を猛練習。ＳＰも「凄く愛情を持って」滑ってきた。ＳＰ２日前の６日に北京入り。今大会が今季の国際大会初戦ではあったが、２日前の現地入りは過剰集中のごく自然なルーティンだった。

現在の採点方式となった五輪での男子の逆転優勝は、ＳＰ２位から0．55点差をひっくり返したライサチェク（米国）のみ。３連覇に限れば厳しい戦いとなるが、最大の夢である大技４回転半を国際舞台で初投入するフリーが待つ。「（４回転半が）自分にとって難しいのは分かっている。全てに集中しないといけない。引き続き、全てのことに自分のベストを尽くしていきたい」。打ちのめされても、また、羽生が立ち上がる理由がある。

ＳＰ７位の17歳が銅メダルへと滑り込んだ12年世界選手権。ＳＰ５位から10．66点差の大逆転劇を演じた17年世界選手権。語り草となる五輪以外の伝説は、フリーから生まれた。次は五輪で新伝説を――。積み重ねた努力は、誰もが知っている。あとは「神のみぞ知る」。10日のフリーに全身全霊を注ぐ。 （大和 弘明）

スポニチ 今日は何の日？（2月9日）
× ダイヤの選ぶ イエローハット

昭和	11年（1936）名古屋・鳴海球場で日本初のプロ野球・東京巨人対名古屋金鯱が開催される
平成	26年（2014）ソチ五輪女子モーグルで上村愛子が４位。冬季５大会連続入賞は日本新記録

男子ショートプログラム
（首都体育館）

①チェン	（米国）	113．97点
②鍵山 優真	（オリエンタルバイオ・中京大）	108．12点
③宇野 昌磨	（トヨタ自動車）	105．90点
④車 俊煥	（韓国）	99．51点
⑤クビテラシビリ	（ジョージア）	97．98点
⑥ブラウン	（米国）	97．24点
⑦セメネンコ	（ＲＯＣ）	95．76点
⑧羽生 結弦	（ＡＮＡ）	95．15点

※24位までがフリー進出

見据えて、小海途はリンクサイドやジャッジ側スタンドではなく、最も人気がないポジションから狙いを定めたのだった。

王者の背中をとらえた写真も、大きくはないが紙面を飾った。

残すはフリー。羽生の集大成へ、小海途のカメラもピントがぶれることなく、向けられた。

④フリー直後の軌跡のワンショット

運命の時は、刻一刻と迫ってきた。

ショート8位から巻き返しを図る羽生が舞う、全身全霊を懸けた、和を基調とする『天と地と』。日本が生んだ絶対王者にふさわしいプログラムだった。

そして、その冒頭には、何度も挑み、そして跳ね返され、それでも抗い続けて、ようやく年末の全日本選手権で「兆し」をつかんだ超大技のクワドラプルアクセルが組み込まれている。

幼少期に師事した都築章一郎が言った「アクセルは王様のジャンプ」という言葉が脳裏

から離れなかった。

高く、幅のある美しい放物線を描く「世界一のトリプルアクセル」のその先に、「真の王様のジャンプ」を思い描き、誰も成し得ていない氷上での4回転半にこだわり続けた4年間だった。

五輪連覇の先に見出した「最大のモチベーション」の成功を想定し、羽生にとっての4年間の集大成となるフリーは、その軌跡を追い続けた小海途にとっても節目の瞬間になろうとしていた。

羽生が唯一無二の演目を追求したのと同じように、小海途もほかと群れることなく、独自のカメラワークで羽生の神髄に迫ろうとしてきた。

スポーツ報道に携わるカメラマンのなかで、「定型」に抗い、孤高の存在であり続けた小海途もまた、自らの腕一つで評価をつかみ取ってきた。

そして、羽生という存在に出会い、惚れ込み、魅了され、その姿をカメラに収めることで、新たな境地を切り開いてきた。羽生という太陽の光を浴び、たくましく成長した小海途は、この五輪では自由に撮影を任せてもらえる立場になった。

自ら切り開いた道を、会社も理解してくれている。だからこそ、責任感も人一倍に感じていた。

ついに結末を迎えるクワドラプルアクセルの成否。

伝説の1ページをどう撮るかは、新聞、雑誌、フリーなど媒体に関係なく、羽生を追いかけてきたすべてのフォトグラファーが技術のすべてを出してとらえるに値する決定的瞬間でもあった。

北京五輪では、リンクサイドのフォトポジションは抽選になっていて、外れた場合には、スタンドの自由席からの撮影に回ることになる。自由席は先着順になっている。

多くの日本メディアが抽選に外れた場合に備え、スタンド席で少しでもいいポジションを確保するために深夜から列を成していた。

「抽選にも参加する、〝保険〟でスタンドの場所取りもするというのは、少し考えがずるいなと自分は思いました。どうしても入りたい場所の抽選に外れたら、空いている自由席で撮ろうと腹をくくりました」

小海途は、ジャッジ席を時計の針で12時だとした場合、8時くらいのポジションに入りたいと思い、抽選に参加した。

4年前は、金メダルの確信があった。だから、栄光を手にした羽生の雄叫びに照準を定めた。

今回は別の気持ちもあった。

あらためて羽生の4年間を振り返ると、誰も挑んだことがないクワドラプルアクセルとの戦いを貫き、コロナ禍やケガでたくさんの苦難と向き合っていった。

そんな羽生が北京のフリーを終え、リンクを後にするとき、どんな表情を浮かべるのか——。

小海途はその瞬間を撮りたいと思った。

4回転半が決まっても、決まらなくても、大逆転での金メダルの可能性を残しても、残らなくても、羽生結弦というスケーターの3度目の五輪の結末を、彼の肖像から読者に伝えたかった。

フォトポジションの抽選では、残念ながら、希望はかなわなかった。

小海途は9時のポジションのスタンド席になった。

だが、落胆はなかった。ポジションを言い訳にするようでは、話にならない。被写体である羽生が歩んできた軌跡の苦難を思えばこそ、与えられた条件のなかでベストの一枚をとらえることだけに集中しようと思っていた。

小海途が陣取ったのは、クワドラプルアクセルを真横から撮影できるポジションだった。ここから狙う4回転半は、どんなカットになるのか。

「もちろん、真横のポジションだから連続写真は押さえます。でも、僕が撮りたかったのは、（4回転半を）降りたあとの羽生選手の顔でした」

確かに気になる視点だった。

人類で初めて、アイスリンクの上で4回転半を決めた瞬間、自らも驚きの表情を浮かべるのか、どうだと言わんばかりの自信に満ちているのか、当然のような表情なのか、あるいは自らのスケート人生を懸けてたどり着いた対価に対してもどこか儚げな表情で受け止めるのか。

小海途の胸が高鳴るなか、羽生のフリーがいよいよ幕を開けた。

いきなりの魅せ場が訪れた。

冒頭のクワドラプルアクセルだ。

小海途が回想する。

「僕は報道に携わるカメラマンとして、あの場に行かせてもらっているわけです。仕事としてこの場で撮影させてもらっているわけですから、本来であれば私情を挟むべきではないかもしれません。

ただ、僕の場合は気持ちが写真に乗り移ることがあります。そんな僕の写真を待ってくれている読者や羽生選手のファンがいてくれている。だったら、目いっぱい、気持ちを乗せようと思いました。

この場面で最高の写真を撮りたいと思っているからこそ、4回転半を一緒に跳ぶくらいの気持ちでレンズを向けていました」

跳び上がった羽生は、わずかコンマ何秒かの世界にいた。地球の重力に逆らい、高く跳び上がると、細い軸で回転を加えた。

「これが4回転半の回転スピードなんだ」

羽生自身がこう振り返ったように、本人も不思議な時空の中にいた。小海途にとってもまた、とても長く感じた一瞬の時間だった。

回転は充分だった。全日本のような両足ではなく、右足一本で着氷体勢に入った。

決まったか――。

しかし、次の瞬間、無情にも〝手負い〟の右足がこらえることができず、リンクに倒れ込んでしまった。

羽生の右足首はすでに悲鳴をあげていた。前日の公式練習でクワドラプルアクセルを転倒した際に捻挫をしてしまっていた。

10日間の絶対安静が求められる状況だったが、痛み止めの注射を打ち、そのことを打ち明けることなく、フリーの舞台に立っていた。

王者の意地とプライドを懸けた超大技は完璧な成功とはならなかったが、確かに銀盤に4回転半を刻んだ。ISUが世界で初めて「技」として認定をした歴史的なジャンプとなった。

しかも、演技はこれで終わりではない。羽生の表情が物語っていた。すぐに立ち上がると、『天と地と』を滑りきるんだという強い意志がレンズ越しに伝わってきた。もう金メダルには届かないだろう。そんなことは関係なかった。

小海途は一心不乱にシャッターを押した。気持ちが高ぶっていった。

「羽生選手が最後まで演じようとしている。自分も4回転半だけで集中力を切らせるわけにはいかないと思いました。このあともきちんと撮りきろうと。むしろ、このあとの羽生選手こそ、きちんと撮りきらないといけないと思いました」

羽生は万感の思いで魂を込めたフリーを滑りきると、リンク上で長い沈黙とともに天を見上げていた。

その後の取材で、「あのポーズには、『天と地と』の天の意味も、自分の魂をパンと天に送るイメージもありました。9歳のときに滑っていた『ロシアより愛をこめて』というプログラムの最後も、じつは同じポーズです。あのときの自分と重ね合わせながら……いろんな気持ちが渦巻いていたというか。あのポーズを終えて刀をしまうまで、リンクをはけるまでが、自分のプログラムのストーリーだったのかなと思います」と打ち明けている。

儀式を終えた羽生はリンクサイドに戻ってくると、氷上にそっと手を着けた。そして、手についた氷も一緒に両手を顔の前で握りしめた。

シャッターを押し続けていた小海途は、脳裏に少しだけ後悔の念が生じた。

「フォトポジションの抽選に当たって、希望していた場所にいたら、羽生選手の顔がもっとしっかり見える写真が撮れたなあって。握っている拳も、もしかしたら、手に残っていた氷の粒も見えたかもしれない。このシーンをもっとよく撮れたんじゃないかなと思います」

ここがベストではなかった——。

平昌五輪で絶対的な強さを証明した羽生の雄叫びを正面から撮影した小海途は、この北京五輪では、ショートもフリーも「背中」越しに王者をとらえたことになる。

ただ、北京五輪から1年以上が経過し、この本のための取材であらためて当時の写真を眺めた小海途は、少し晴れやかな表情を浮かべて語った。

「いまとなっては、好きな写真なんですよね。背中だからこそ、伝わってくる味わい深さが醸し出されているというか。直接的に羽生選手の表情をとらえていないからこそ、僕自身も、この写真を見てくれたファンの方も読者も、羽生選手のこのときの表情を想像で埋めていくしかない。

羽生選手の表情が見えていないからこそ、写真が答えを示していないからこそ、みなさんがそれぞれの感情を乗せやすい写真になったのかなと思っています。

僕の4年間を見続けてくださった羽生選手のファンや読者の思いも乗せる写真になったかなと思っています。衣装も背中も美しいですよね。

本来であれば、僕が希望するフォトポジションに抽選で入れなかった時点で、ベストな写真からは遠ざかったはずなんです。

だけど、羽生選手はこのときも、僕を救ってくれた。

この写真を見て羽生選手の表情を想像しようとしたら、自然と4年間の軌跡を振り返ることになりますよね。そう考えれば素敵な写真だなと。この写真も羽生選手が撮らせてくれた写真なんですよね。

もう、何度も言っていますが、これはスポーツ紙が掲載する報道写真ではないかもしれません。

でも、この写真に関しては、どうしても紙面で使ってほしかったので、強くプッシュしました。紙面に掲載され、僕の4年間も幕を閉じました」

五輪シーズンに負ったケガからの鮮やかな復活劇できらびやかに躍動した平昌五輪から4年。羽生は年齢を重ね、クワドラプルアクセルという難敵に抗いつつも、あこがれを抱き続け、さらには勝負に挑んできた若きスケーターと対峙した。

そんな羽生をとらえた「絶対王者の背中」に、小海途は何を見たのか。

「羽生選手の4年間は、孤独と孤高の時間だったと思います。背中から見た羽生選手は、孤高という場所から解放されたようには見えなかった。人間は、どこかで苦しいことから解放されるから、頑張れると思っています。

羽生選手のこの4年は、どうだったのだろうかと、ふと考えることがあります。

ケガに苦しみ、コロナ禍で練習拠点にすら戻ることができなかった。若いスケーターか

UP SIDE
CAUTION!
22A

らの挑戦も受け止めなければならない。人間は、苦しみだけでは頑張れないと思います。だからこそ、オリンピックという舞台で4回転半の成功が得られたら、これまでの努力が少しは報われるのではないかと思いました」

小海途はその一瞬をとらえようとしていた。

「着氷の瞬間の表情もそうですし、演技を終えたあとも注目していました。誰も跳んでいない、羽生選手だからこそ跳べる4回転半の成功があれば、羽生選手は平昌のときのように吠えるのか、それとも笑うのか、感情を噛みしめるのか、あるいは成功してもなお納得の表情は浮かべないのか。

僕はその一瞬を撮りたくて、その瞬間をイメージして、羽生選手の4年間を追いかけてきました。

結果として、僕はこのシーンを撮り残したことになります。でも、現状では撮ることができていないだけで、羽生選手がこれからも挑戦していくなかで撮れるときが来るかもしれないと思っています」

羽生は北京五輪のフリー直後の取材で、「報われない努力だったかもしれない」と語っていた。

しかし、孤高の挑戦は、多くの人に感動を届けた。

いつもハッピーエンドとは限らない。成功だけがすべてではない。

挑み続けた軌跡から、王者は勝つこと以上の価値を、コロナ禍で沈み込んだ世界へ届けた。

翌日のエキシビションのためのサブリンクで行なわれた公式練習。

羽生は5ヶ月後のプロ転向を〝予告〟するかのようにこれまでのプログラムを次から次へと披露していく。

小海途は振り返る。

「もしも、羽生結弦の競技人生が一つの映画だとしたら、このシーンはエンドロールのようでした」

エキシビションでは『春よ、来い』をピアノの旋律に乗せて、情感たっぷりに演じ、ほかのスケーターたちとじゃれ合い、アイスダンス中国代表選手から「お姫様抱っこ」をされて満面の笑みが弾けた。

小海途には、羽生が孤高という強固な〝鎧〟を脱ぎ捨て、ようやく心から解放された時間を過ごしているように思えた。

第7章

深化

①閃光が走った！　光の粒を生み出した被災地への思い

２０２２年7月19日、羽生は晴れやかな表情を浮かべ、東京都内で開いた記者会見に姿を見せた。

前日に報道各社に送られてきた案内のリリースには「決意表明の場」と記されていた。北京五輪が終わり、新たなシーズンの本格開幕を前に、その動向が大きな注目を集めていた。

羽生は北京でメディアの取材に対し、今後についてこう話していた。

「羽生結弦のスケートを、ちゃんと僕自身、もっともっと納得できるような形にしていきたい。もっともっとみなさんが『見たい！』と思ってもらえるような演技をしていきたいって、やっぱり思うので。まあ、それがアイスショーなのか、競技なのか。どっちにしろ、自分はみなさんに見ていただいたときに、『やっぱ、羽生結弦のスケート好きだな』って思ってもらえる演技を続けたいと思います」

会見場には数多くのメディアが駆けつけていた。

筆者も取材記者の一人として足を運んだ。

もちろん、小海途の姿もあった。

会見は午後5時から予定されていたが、小海途は前日から落ち着かなかった。

「会見があると聞いたとき、羽生選手が競技者から退くことも頭をよぎりましたが、そうじゃない可能性も、あるいはもっとすごいことになる可能性も、いろんなことに頭の中で思いをめぐらせていました。

会見をするのは、羽生選手ですからね。どんな発言が飛び出すか、誰もわからないじゃないですか。決め打ちはできないなと思っていました」

一部メディアが、羽生のプロ転向を朝刊で報じていたが、小海途は「そんな単純なことではない。本人の言葉を聞くまでは、フラットにいよう」と意に介さなかった。

結局、会見スタートの5時間前にホテルへ入った。

誰よりも早く会場に足を運ぶ。小海途のカメラマンとしての矜持だ。

さすがに早すぎたのか、会見場に到着しても、誰もいなかった。

「僕の自己満足というだけで、別にフォトポジションがすべてではないんですが、自分のなかで後手に回りたくないというか、もっと早く会場に行っていれば、という後悔だけはしたくないという考えがあります。

そういう心の乱れは、撮影中の心理にも影響していくこともあるのかなと思っているので。羽生選手が会見するというなかで、撮影する自分自身に気合いを入れるというか、心の中の決意を示すのが会場へ行く時間なのかなと、とらえています。もし、ポジションが抽選ではなく、先着順になっても損はありませんからね」

会見場がオープンとなり、テレビは生中継に備えていた。

小海途は壇上から見た最前列の中央に陣取り、レンズを向けた。

マイクを手にした羽生が切り出す。

「こんにちは、羽生結弦です。今日はこのような場に集まってくださり、そして、見てくださって本当にありがとうございます。

これまでたくさんの応援のおかげで、僕はここまで頑張ってくることができました。ここにいてくださっているメディアの方々、そしてカメラマンの方々も含めて、本当にたくさん応援していただきました。

みなさんの応援の力のなかで、羽生結弦として、フィギュアスケートを全うできることが、本当に幸せです。まだまだ、未熟な自分ですけれども、プロのアスリートとして、スケートを続けていくことを、決意いたしました」

戦いの日々から解き放たれた羽生の表情を、小海途は初めて目にした。涙ではなく、笑顔で次なる戦いの場へ、プロスケーターという新天地へ羽ばたく決意に満ちた羽生の表情にピントを当て、シャッターを押した。

「会見を聞いていて、すべてが腑に落ちました。

羽生選手は野球を例に、アマチュアの先に、もっとレベルが高いプロがあるという話を持ち出し、フィギュアスケートの世界でもそうありたいということを話していましたよね。メディアは、フィギュアは競技者がトップで、そこから退くという言葉を使ってグレードダウンをしたようにとらえていましたけど、羽生選手は概念を覆そうとしていました。

これからも、自分自身がステップアップしていくんだという思いがすーっと入ってきました。同時に、すごくうれしい気持ちになりました。

これからも羽生選手のことを撮影していくことができるんだ、と。僕にとってもすごく希望が持てた会見でした」

記録にも記憶にも強烈な印象を刻んだ「競技者・羽生結弦」は五輪連覇をはじめとした

幾多の勲章を携え、「プロスケーター・羽生結弦さん」に肩書を変えた。

そして、変わらず、慌ただしい日々を過ごし、フィギュアスケートと向き合った。

同年8月には『SharePractice（シェアプラクティス）』と銘打ち、プロ転向後の拠点となる「アイスリンク仙台」で練習を公開した。

開設したばかりの公式YouTubeチャンネルでライブ配信すると、国内外から10万人を超えるファンが視聴した。

メディアにも現地で公開され、小海途も会場のリンクへ足を運んだ。

「スケート靴を履くシーンや、練習前にアップしているところも撮影できました。こんなところも撮らせてくれるんだと、うれしくなりました。

（トロントの）クリケットクラブでの練習が公開された機会もありましたが、羽生さんの普段の練習を最初から最後まで見ることができる初めての体験でした。

練習中の羽生さんは、競技者時代と同様、あるいはそれ以上の覇気で練習をしていました。ときに鬼気迫る雰囲気もあり、テンションを緩めることなく滑り続ける羽生さんに圧倒されました。

ライブ配信されていたので、たくさんの人が見ています。これは競技者時代もそうです

よね。羽生さんの写真を見てくれる人は、実際の映像も目にしているわけです。

それでも僕は、映像では見えない世界を見せる力が写真にはある、と信じています。写真でしか見せることができないもの、おこがましいかもしれませんが、僕が撮る写真でしか伝えられないものがあると信じて、それを出したいと思っています」

このときの羽生について、小海途は印象に残っているシーンがあるという。

「ライブ配信のなかで、視聴者からコメントが届いていたのですが、羽生さんは目が追いつかないほどに寄せられた多数のコメントを見て、微笑んでいました。

練習の最後のほうだったと思うのですが、コメントを見ながら、何かをつぶやいているようでした。

左手を口元にやり、うれしそうにコメントを追いかけているシーンが、ファンとの双方向という今回の取り組みを象徴しているようだったので、そんな羽生さんをカラーで紙面にも使いました」

それから、しばらくして、小海途の元へ、サプライズなオファーが届いた。

2023年3月に羽生の故郷、宮城で開催される『notte stellata』でのオフィシャルカメラマンの打診だった。

「オフィシャルでしたが、主催者サイドからも大きな制約はなく、『小海途さんらしい写真を撮ってほしいと思っているので、小海途さんのスタイルで自由に撮影してください』と言ってもらいました。

震えますよね、こんなオファーをいただいたら。同時に、震災というテーマだったこともあり、重圧がすごくのしかかりました。

でも、僕の写真で、羽生さんの魅力を伝えてほしいというニーズがあるのなら、とてもありがたいことですよね。

あくまで僕は主役ではなく、羽生さんに注目している人たちに、僕がカメラを介して伝える役割に徹するんだという腹づもりで臨むようにしました」

報道の枠組みを超えたアイスショーのオフィシャルという仕事は、小海途にとっても新境地を切り開く貴重な経験となった。

「新しいステージに足を踏み入れられるんじゃないか、と自分に期待する部分もありました」

これまでの立場においては、羽生はあくまで報道の対象だった。

そこには見えない「壁」が存在した。

ところが、オフィシャルカメラマンは、壁の向こう側へ入ることを意味する。

小海途が「新しいステージ」と表現した立ち位置で、「これまでの第三者的な立場ではなく、一緒にショーをつくりあげていける気持ちになれます。そういう意味で、僕もショーの一員だという自覚が芽生えました」と話す。

撮影できる時間も日数も桁違いに増えた。

これまでよりも、ずっと近くで羽生の様子を見る機会があり、新たにたくさんのことを知ることもできた。

そして、その分だけ、カメラマンとして羽生の魅力に迫りたいとの思いが一層、強くなっていった。

印象的な場面があった。

ショーの練習中、羽生が撮影をしていた小海途のもとへ近寄ってきた。

このときのショーでは、体操界のキングと呼ばれた内村航平さんとのコラボレーションの演技が行なわれた。その際の演出について、内村さんが演技する床の後ろに設けられた幕の見え方について、意見を求められたのだ。

「これって、写るものですか?」

小海途は正直に、「リンクの明るさと、幕の明るさの差が激しくて、写りにくいです」と応じた。

すると、羽生は「露出差がありますよね」と、カメラマンが使う用語で返してきた。総合演出として、ショー全体の仕上がりを考えている羽生が、いかに細部にまでこだわっているかが伝わってきたという。

そんな羽生を中心に、ほかのスケーターも一体となって高い完成度のショーをつくりあげていく——。小海途は、素晴らしいショーをレンズを介し、いかに魅力的な写真という作品に仕上げるかに力を注いだ。

このときのショーを振り返るとき、小海途はやや誇らしげに、「この写真は、僕がいままで撮影してきた写真のなかでも、自分では一番じゃないかと思うんですよ」と、とっておきの一枚の写真を見せてくれた。

それは、3月12日。この年の最終公演日の出来事だった。

『春よ、来い』を演じた羽生が、ハイドロブレーディングを披露する。スポットライトを浴びたしなやかな身体は、右足をリンクにつけ、左足はクロスするように外側へ伸びていく。両手を広げた上半身は氷に触れそうなほどに低く沈み込ませている。

柔らかく、しなやかな羽生が氷に調和した滑りで魅了していく。このときは身体も頭もリンクにこすれていた。このため、スケート靴の刃（エッジ）に削られた無数の小さな氷の粒が、羽生の髪についた。

直後、羽生が上体をそり返すと、なびいた髪に付着していた氷の粒が一斉に宙を舞った。まるで羽生の身体を包み込むように見えた。

「こんなに氷が舞うことって見たことがなく、羽生さんの被災地への思いが込められた表情をキラキラと照らし出しているようでした。

ファインダーの中に閃光が走った感じがしました。大げさではなく、ファインダーが真っ白になるくらいの閃光が走ったんです。『すごい写真が撮れた』ということが直感でわかりました」

小海途は、あのショットも必然だったのではないかと考えている。

「『notte stellata』の公演中、羽生さんの震災に対する思いをずっと見てきました。胸中に抱える苦しさ、つらさという思いは間近で見ていれば、すごく伝わってきます。

羽生さんのそんな思いが最後に発散した瞬間だったのではないかと思っています。氷の粒が舞い上がる様は、まさしく鎮魂の舞になっていたのではないか、と。氷の粒は、見方によっては〝光〟の粒のようにも、そして、ショーのコンセプトにもなっている、羽生さんが被災直後の夜空に見た〝満天の星〟のようにも見えますよね。

あのとき、羽生さんは夜空に広がる満天の星を見て、癒やされ、心の動揺をわずかでも鎮めることができました。そして、今度は羽生さんが満天の星をつくり出し、被災者の方々やファンの方々を癒やしている。この写真を見てそう感じました。

写真が持つ力を、羽生さんがまた気づかせてくれたように思いました」

②被写体・羽生結弦との距離感とは

プロに転向した羽生は23年3月、競技者のスケーターたちがオフに入った期間に出演するアイスショーにも出演した。

3月30日に大阪・門真市の東和薬品ラクタブドームで開幕した世界的なアイスショー「スターズ・オン・アイス」だ。

2年ぶりの出演となったショーの大トリで登場すると、14－15年シーズンのフリー『オペラ座の怪人』をサプライズで披露した。

なぜ、サプライズだったのか。じつは長らく封印してきたからだ。

「(このシーズンはGPシリーズ)中国杯での衝突の事故とか、自分が病気やケガにすごく苦しんだシーズンのプログラムだったので、長い期間、『これはもう滑らない』って、ある意味、封印してきたプログラムです」

羽生も初日公演後の記者会見に出席し、こう打ち明けた。

ソチ五輪を制した翌シーズンのGPシリーズ中国杯のフリー直前の6分間練習で海外選手と衝突するアクシデントに見舞われた。それでも、フリーは執念でリンクに立ち、さらに自身GP2戦目となるNHK杯にも強行出場し、GPファイナル連覇へとつなげた。このシーズンはコンディション不良が続き、腹部の痛みを押し隠して3連覇を果たした全日本選手権後の14年末に「尿膜管遺残症」と診断され、手術も受けた。

正確に言えば、プログラムの封印を解いたのは、2月にスケーターとして史上初の単独公演「GIFT」を実現させた東京ドーム公演だった。

「自分のなかで(東京)ドーム公演で、あれ以来初めて滑らせていただいたあとに、このプログラムを、もっと完成させたものを、もっと体力のある状態でしっかりと滑りきれる状態でみなさまにお届けしたいなと考えて滑ることにしました」

この会場（東和薬品ラクタブドーム）は、中国杯直後に満身創痍で出場したNHK杯の会場でもあった。

「僕自身、（中国杯の）衝突事故のあと、すぐにこの会場で滑っていて、あのときは事故の影響も少なからずあって、うまく滑れなかったので、そういった意味でもこの会場でいい演技ができたらいいなという意味も込めて滑っています」

記憶も鮮明な苦い過去との決別を誓う特別な思いが込められていた。

白と黒の衣装で演じたプログラムは圧巻だった。4回転－3回転の連続トウループやトリプルアクセルからの3連続ジャンプなどを跳び、さらにイナバウアーも披露し、スタンディングオベーションで讃えられた。

「このスターズ・オン・アイスというアイスショーは、競技アマチュア、プロスケーター共に集まりながら全力でそれぞれのプログラムのテーマを伝えようと頑張っているショーです。一人一人のプログラムにいろいろな思いが込もっているので、そういったものを僕もプロの一員として、そして、スターズのメンバー、ゲストの一員としてお届けできたらいいなと思って、久しぶりに滑らせていただきました」

4月1日までの大阪公演、同3～5日の奥州（岩手）公演を経て、同6日には再びメディア公開された横浜公演で、4回転のコンビネーションや3連続を含む5度のジャンプすべてを決めてファントムを熱演した。

このショーのオフィシャルカメラマンを務めたのも、小海途だった。

間近で接したプロスケーター・羽生のオーラは半端ではなかったという。

「プロに転向した羽生さんは、競技者時代の制限が取り払われ、表現の幅が広がり、自由で伸びやかな様子が見てとれました。

僕は競技者時代の羽生さんの演技前の舞台裏の表情は目にしていないので、比較は難しいですが、ショーを迎えた直前の羽生さんは、まさにこれから戦いに向かうという情熱や覇気がたぎっているような雰囲気を醸し出しています。

正直、近づいたらまずいというか、他を寄せ付けないというよりは自らが集中してテンションを高めているイメージですかね。だから、僕はショーという感覚ではなく、勝負に挑む羽生さんを撮影している感覚でした」

『notte stellata』に続き、オフィシャルの立場で羽生と向き合うことになった小海途はこのとき、勇気を振り絞って、大きな一歩を踏み出す決意を固めていた。

どういうことか。小海途は報道とオフィシャルの違いを明快に説明する。

「メディアのカメラマンとして取材に行く際は、ショーの表側、つまり観客のみなさんと同じように氷上の羽生さんを撮影するわけです。カメラマンにとって、どんなアングルで、どんな表情やシーンを撮るか、に力量が問われます。いわば、オープンな場が表側ですよね。

オフィシャルは裏側、つまりバックヤードにも入ることができます。だからこそ、裏側のスケーターの表情やしぐさにもレンズを向けることができます。

裏側を撮る、撮られるということで、一気にカメラマンと被写体の距離が近くなりますよね。本来であれば、見せない裏側を撮るというのは、物理的にも心理的にも、距離が詰まるわけです。でも、裏側を撮るというアプローチに対して、僕には長らく葛藤がありました。

たとえば、羽生さんはアップしている間もすごく集中を高めています。そこにレンズを向けたら、邪魔になってしまうのではないかということです。プライベートとまでは言わなくても、表から見えていない部分へ踏み込んでいくことは、羽生さんにとってマイナスに影響することを自分がしてしまうのではないかとも思いました。

でも、せっかくオフィシャルの立場で入らせてもらっているのですから、幕が開く前の

©STARS on ICE2023

羽生さんも撮りたいという欲求もありました。『notte stellata』のときは、羽生さんの震災と向き合う心境を感じとってバックヤードでの撮影を遠慮しました。今回は、裏側のシーンも含めて、たくさんの写真を撮りたいと思いました」

チャレンジするならリハーサルと決めていた。「被写体・羽生結弦」との距離を詰めるべく、勇気を振り絞ってレンズを向けた小海途は、ハッとさせられた。

レンズの先にいたのは、裏側であるはずなのに、表側と同じ羽生だったのだ。

どういうことか。

「羽生さんは、アップをしてショーが幕を開けたあと、フィナーレの最後まで、〝オフ〟がないんです。つまり、裏側の姿ですら、表側の羽生さんだったのです。常に自分の世界に入っていて、しかも、どの場面でも『見られている』ということが、無意識ながらも意識の中にあるのだと思いました。

表側なら観客やメディアの視線がありますよね。裏側は本来、誰の目もないはずなのですが、それでも、羽生さんは変わらなかった。視線を感じるとすれば、僕が向けたカメラだけですよね。もしも、嫌な雰囲気があれば、言葉で言われなくても肌感覚でわかるので引くつもりでした。だけど、羽生さんは裏側でも、無意識の中の意識というか、幕の中なのに自分を客観視しているようでした。

だから、裏側のちょっとしたしぐさや、立ち姿勢ですら『絵』になるんです。どこでも『絵』になる、『絵』にするというのが、羽生さんのすごさだとあらためて実感しました」

小海途が抱えた不安や葛藤を吹き飛ばしたのは、ショーに臨むにあたって一瞬の〝オフ〟もつくらない集中力で臨む羽生の姿勢だった。

③覚悟を包み込んだ柔らかなオーラ

24年3月。厳しい寒さが東北の地を覆っていた。

東日本大震災から13年目を迎えたこの年も、羽生は被災地へ希望を届け、祈りを込める。命を落とすことなく、大好きなスケートとともに生きている自らが被災地を背負っていいのか。五輪連覇を果たした自分だからこそ、生まれ故郷でもある被災地と向き合う使命を背負っているのではないか。この時期の羽生は毎年、複雑な心境を抱いてきた。

プロスケーターとなり、主要な国際大会だった五輪や世界選手権と重なったこの時期にも、アイスショーを組めることができるようになった。だからこそ、羽生はプロ転向1年目の23年、自らが座長を務めるアイスショー『notte stellata』を仲間のスケーターたちと催した。

思いはプロ2年目になっても変わらなかった。

初の単独公演ツアー（『RE_PRAY』）で埼玉、佐賀、横浜をめぐり、4月に宮城での追加公演も決まっていた。慌ただしいスケジュールの合間にも、羽生はこのショーの実現にこだわった。

3月8～10日、宮城・セキスイハイムアリーナで開催された『羽生結弦 notte stellata 2024』。そして、小海途も2年続けて、オフィシャルカメラマンとしてショーに携わる機会を得ていた。

6100人の観客が酔いしれた初日公演（8日）はメディアにも公開された。羽生は、イタリア語で「満天の星」を意味する『notte stellata』を情感たっぷりに滑り、ピアノの旋律に乗せた新プログラム『ダニーボーイ』をしなやかに舞った。女優・大地真央さんとの豪華コラボレーションとなった『カルミナ・ブラーナ』では、舞台をベースとした振付師が担当したパートを、大地さんと息を合わせつつも、いかにフィギュアスケートに落とし込むかという新たなテーマにも果敢に挑んだ。被災地への変わらぬ思いと、進化を遂げるフィギュアスケートを融合させた羽生の舞が、被災地に新たな「希望の光」を注ぎ込んだ。

小海途は幕開けの3日前、現地へ足を踏み入れた。

2年続けてのオファーは、この上ない光栄なことのように思うが、振り返るときの小海途の表情は決して明るくはない。

「とてもありがたい話ですが、羽生さんのショーのオフィシャルというのは、少なくとも僕のなかでは『やります！』『やりたいです！』と二つ返事でお受けできるものではありません。大きな覚悟が必要です。だから、主催者サイドからのオファーには『覚悟を持ってやらせていただきます』と答えました」

小海途が注目したのは、新プログラム『ダニーボーイ』だった。

「僕個人は、羽生さんとピアノ曲はすごく調和しているように思っています。ピアノ曲は『ロンカプ（序奏とロンド・カプリチオーソ）』以来、久しぶりだったので、プログラムもとても楽しみにしていました」

リハーサルで羽生とあいさつを交わす。多くを語ることはないが、被写体との距離感はそのほうがいいと考えている。

スポーツ報道の世界には、アスリートとオフの時間を共有することに、やりがいを感じるメディア関係者も多い。

「あの選手と食事に行った」「この選手とは仲がいい」

こうした自慢話を耳にすることも多いが、小海途は関心を示さない。

「もしかしたら、僕はそのような努力が足りないのかもしれません。だから、プライベートで距離を詰める記者やカメラマンを否定するつもりはありません。一方で、パフォーマンスする側と、写真を撮る側には、この関係を積み重ねていくなかでの年月が存在しています。言葉を交わす、食事をすることだけが、〝キャッチボール〟ではないとも思います。自分が撮る作品を通じて、被写体との距離を詰めるというか、写真で認めてもらい、自分を認知してもらえればいいと思っています」

太陽にも例える羽生に対し、スケーター以外の領域へ足を踏み入れるつもりはない。自分が撮った写真がベストだとは言わなくても、認知してもらえていることで充分だと考えている。だからこそ、リハーサル会場というオフィシャルカメラマンにしか許されない現場においても、決して口数多く、被写体であるスケーターたちと語り合うことはない。その分、誰よりも真剣な眼差しでレンズを向けている。

『ダニーボーイ』は、純白の衣装に身を包んだ羽生が醸し出す雰囲気を、どのようなアングルや構図でとらえることができるか。

小海途はリハーサルのときから、この一点を重視してカメラワークに頭をめぐらせた。

そして、ヒントとなるシーンが演技本番に訪れた。冒頭のプログラム『notte stellata』を舞う羽生の後方に、無数の小さな光が差し込んでいた。

会場のファンが手にしたブレスレット型のバングルライトだ。

「これは、リハーサルの段階ではわからなかったんです。観客席からこんなに素晴らしい光が注ぎ込まれるとは想定していませんでした」

ひとつずつのライトの明るさは、それこそ広い夜空の彼方にある星のように明るくはない。それでも、たくさんのファンが一体となることで、無数のライトはまるで「満天の星」のように羽生を照らし出した。

羽生の後方では満月のように大きなスポットライトが輝く。満月の日は本来であれば星は見えない。しかし、ファンが差し出したライトは、満天の星のようにまばゆさを演出している。『notte stellata』が気づかせてくれた絶好のフォトポジションだった。

会心の写真は、2日目にとらえることができた。

『ダニーボーイ』を演じる羽生が演技を終え、バックヤードへ引き上げていくシーンで、ファンが照らし出した〝満天の星〟と妖艶な表情としなやかな手の動きが重なった。羽生の目線も、柔らかなカーブを描くような優しい手も、演技中の見せ場ではないにもかかわらず、羽生らしさが存分に感じられた。最初から最後まで、演技中でも、演技が終わったあとでも、常に自らに注がれる視線を無意識にも感じとっている羽生だからこそ、生まれた傑作の瞬間だった。

小海途は1年前のこのショーを思い出した。

23年3月12日に羽生が『春よ、来い』を演じた際、オフィシャルとして撮影したお気に入りの一枚があった。前述したとおり、羽生がハイドロブレーディングから上体をそり返すと、なびいた髪から無数の小さな氷の粒が幻想的に宙を舞ったシーンだ。羽生の身体を包み込むようにキラキラときらめく氷の粒を、小海途は〝満天の星〟にたとえていた。

羽生が〝満天の星〟を織りなしてから、1年の月日を経て、今度は観客席のファンが羽生を〝満天の星〟で包み込んだように思えた。

小海途は回想する。

「ここから先は、僕が想像したことですが、羽生さんにとっての〝満天の星〟は、ファンの存在だったのではないのかなと思いました。東日本大震災で大好きなスケートと向き合うこともできなくなる可能性もあった。そんななかで、彼が避難所へ向かう夜空で見た〝満天の星〟は、羽生さんに希望の光を注いでいた。少し先の未来を示しているようにすら、僕は勝手に思ってしまいました。

プロになってからの羽生さんには、さまざまな苦心があったと思います。だけど、変わることのないファンの応援が、〝満天の星〟となって羽生さんを包んでいる。それが、この日の写真でとらえられたような気がしました。1年前に羽生さんがつくり出した〝満天の星〟に対する、ファンからのアンサーのように僕には見えました」

小海途は写真を撮る上で大事にしていることがある。

羽生がどんな振る舞いで滑り、どんな表情を見せたか。そこを道標にして撮影をしていくと、羽生の思いや表現をしっかり感じとってもらえる写真に自然となっているという。だからこそ、羽生が見せたファンの〝満天の星〟に対するしぐさは、決して偶然ではないと信じている。

それだけではない。2年目を迎えた羽生の表情には変化もみてとれた。

「慈愛があるというか、穏やかな表情で、『優しさ』で包み込むような演目が印象的でした」

実際、羽生もショーのあとの囲み取材でこう答えている。

「前回（昨年）初めて、『3・11』という日に（被災地で）みなさんの前で演技をさせていただくという経験をしましたが、正直、やっぱり映像を見たり、記憶を思い返したりするとつらくなってしまうことがありました。そのことにとらわれながら滑っていました。ただ、そのなかで、みなさんから希望や勇気、元気といった、いろいろなものをいただけたショーでした。今回は、僕があのときもらったものをもっともっと返したいなと、もっと希望を届けたいなと思って滑っています。新しいプログラムの『ダニーボーイ』もそうですし、『カルミナ（・ブラーナ）』に関しても、強さがある曲調ではありますが、そのなかで立ち向かうものを感じていただけたらなと思って滑っています。そういった意味では、去年とは心意気がまったく違い、コンセプト自体もまったく変わったショーになったのかなという気持ちでいます」

小海途は東日本大震災については、多くを語らない。当時、被災の当事者であった羽生と、被災地にいなかった自らに一線を引く。

「僕は羽生さんが抱えている震災への思いも、震災そのものの重みも、到底実感することはできません。だから、軽々しく震災のことを語ることはできないです。想像を超えた状況に対する思いは、どんな言葉を並べても、僕が口にしている時点で上滑りすると思うからです。

被災地にいなかった僕が、羽生さんの震災への思いを込めたショーを、オフィシャルという責任の重い立場でカメラに収めていいのか。これは葛藤としてあります。

ただ、自分なりに理由づけをするとしたら、震災は被災者の方はもちろん、直接被災しなかった人たちにも、同じ時代を生きていれば影を落とすものです。被災地のために何もできない無力感や、自分だけこんなに平穏に過ごしていていいのか、と苦しむこともあります。そんな気持ちを抱える一人として撮影に臨むのなら、僕がそこにいる意味があるのではないか。そう言い聞かせてレンズを向けていました」

④何色にでも染まる！　プロ2年の節目に白の衣装を撮影した狙い

24年7月12日。小海途は仙台のとあるスタジオで羽生と向き合っていた。

小海途はスポニチの羽生番記者である大和弘明と共に、羽生がプロスケーター転向から丸2年を迎えるにあたっての特集記事を組むための取材・撮影に臨んでいた。

多忙を極める羽生がこの日、スポーツ報知とスポニチのために1時間半を割いた。冒頭の10分で記者による合同インタビューが行なわれ、その後はそれぞれの媒体が40分ずつの時間を分け合った。

スポーツ報知が羽生のインタビューを深掘りしたのに対し、スポニチは残りの時間を小海途の写真撮影に割り当てた。

小海途は「白」をテーマに羽生を撮りたいと考えていた。

プロスケーターになって丸2年の節目は、新たな3年目を踏み出すスタートにもなる。進化を止めない羽生の新たな挑戦には、羽生が自分の色を染めていけばいい。だから、小海途は何色にも染めることができる「白」を選んだ。

スタイリストにリクエストした白の衣装に合わせるため、白いレースをあてがおうと準備を進めた。

東京・日暮里にある生地問屋へ自ら足を運び、羽生のイメージに合うレースをセレクトした。

衣装に着替えた羽生と向き合う。

小海途が1対1でレンズを向けるのは、羽生がプロスケーターになった1年目にアイスリンク仙台で公開した「SharePractice（シェアプラクティス）」以来のことだった。羽生は、あの日も取材に訪れたすべてのメディアに個別対応の時間を設けた。小海途はこのとき、羽生の想像力に驚かされた。

撮影に入る際、「（羽生が過去に演じたプログラムである）『オペラ座の怪人』や『マスカレイド』のように、顔の前で手を動かす感じでお願いします」と伝えたところ、羽生は写真のイメージを想像して、次々とポーズを決めてくれた。

小海途は「少ないワードで、こちらのリクエストに応えて、僕のイメージを超えるものを表現してくれました」と振り返る。

今回も同じだった。

小海途は、セットを見た羽生から、最初に「明るい感じですか？」と言葉を投げかけられた。

「しっとりした感じでお願いします」と小海途が答える。

天井から垂れ下がったレースのような布の向こう側に、裸足の羽生が立った。

「レースをベールのように被ってください」など、いくつかのリクエストに応じた羽生はその都度、スマートフォンから曲を選んで流していた。

「それに合わせてこの撮影だけのプログラムを踊ってくれました。とても贅沢な時間でした。プロ3年目のまだ何も描かれていないキャンバスに、どんなスケート人生を刻んでいくのかは、これからの楽しみということもあったので、ベールに包まれた神秘的な要素を含めたらなと思いました。そこにこちらの想像をはるかに超えるパフォーマンスで応えてくれました」

小海途がPC上で共有してくれた写真の羽生は、カメラに視線を注いでいない。ややうつむき加減に視線を落としている。表情からは感情を読みとることはできない。「それがいいんです」と小海途は言う。

「これは、次の1年が何色にでも染まるという想像力がかきたてられる一枚です」

解釈は人それぞれでいい。そんな小海途の思いに、羽生が応えてくれた。

プロスケーターとしての3年目に向けて、羽生は確かな足跡を刻んでいた。

中心的な存在を担う「ファンタジー・オン・アイス2024」では、T.M.Revolution／西川貴教さんとのコラボレーションで、アニメ『機動戦士ガンダムSEED』シリーズの挿入歌『ミーティア』を披露。氷上を宇宙空間になぞらえるかのように、ガンダムの世界観を落とし込んだ。

9月15日には、24年元日に発生した能登半島地震の被災者への思いを込め、「能登半島復興支援チャリティー演技会」を開催した。プロスケーターとして、活動の幅も可能性も限界を見ることなく、広がりをみせている。

小海途も慌ただしい1年を過ごしている。夏はパリ五輪で渡仏し、帰国後もサッカーW杯アジア最終予選で日本代表の選手たちを追いかける。

しかし、ひとときも羽生の存在が頭から離れることはない。

「神カメラマン」と呼ばれるまでに押し上げてくれた羽生、ファン、読者への感謝を忘れることなく、日々の精進を誓って、レンズ越しの羽生結弦に視線を向け続ける。

特別企画

被写体・羽生結弦の「独白」

２０２４年10月18日。仙台市郊外は曇り空で小雨が散っていた。

序章にも書いた、羽生がこの本のために撮影とインタビューの時間を設けてくれた日のことである。小海途はこの日の朝、東京から東北新幹線で仙台へ入った。

午後3時前、事前に購入していた撮影の背景に使用するバックペーパーを携え、車輪付きのカメラバッグを手にスタジオへ入った。

撮影予定の2時間以上も早く現地へ到着すると、スタジオ内の小道具などをチェックしながら、同僚のカメラマンのサポートを受けながら撮影準備にとりかかる。

小海途はメモ帳に、被写体をイメージしたポージング案をいくつも描いている。撮影シーンのイメージを膨らませ、スタンバイしていると、羽生が時間に遅れることなくスタジオに到着した。二人が簡単な打ち合わせを行なった。

わずかな会話のあと、撮影がスタートした。

印象的だったのは、白い布で覆われた台座を使った撮影シーンだ。

小海途が出したリクエストは「彫刻のイメージ」だった。

「羽生さんが身体で創り出す造形は、名彫刻のようだと常々思っていました。そこから着想を得て、美術館に飾られている彫刻をイメージして撮影しようと思いました」

羽生は自ら音楽を流すこともあるが、この日の撮影は静寂に包まれた空間のなかで行なわれた。

驚くべきは、羽生の動きだった。

「彫刻のイメージ」という言葉だけで、カメラマンの意図をくみ取った羽生は、次から次へと動きを止めることなく、ポーズを決めていく。

細やかに指先を動かし、手を顔の前にかざす。視線もレンズに向けたり、下へそらしたり――。台座を支点にダイナミックに身体を旋回させたり、鍛えた体幹を軸に変幻自在に肉体を操る。表情や視線も含め、どの一瞬を切り取っても、『絵』になる羽生結弦がいた。

あっという間に撮影時間の30分が終了した。

撮影を終えたばかりの羽生に聞いた。

――被写体としてレンズを向けられているとき、どんな意識を持っていますか?

「あまり意識して『ポージングをこうしよう』と考えることはありませんね。『いいところを撮ってくれるでしょう』という信頼のようなものもありますから」

こう言って笑みを浮かべた羽生は、撮影中、頭の中に坂本龍一のピアノ曲を流していたという。

羽生はこの日のように、被写体として自らに求められる使命を瞬時に理解してレンズと向き合う。

「等身大の僕を撮ってくれようとしているカメラマンの前では、自然体のままでレンズの前に自分をさらけ出します。ある意味で、プライベートな羽生結弦をのぞき見られている感覚ですよね。でも、スケートをしている羽生結弦を撮りたいと思ってくださるカメラマンの前では、その世界観に落とし込んだ羽生結弦を観てもらうようなイメージを抱いています。内面というか、芯のところまでフォーカスを当てようとしてくださるカメラマンもいます。撮影のシーンによっても違いますが、カメラマンの狙いや考えによって、被写体としての在り方を変えるようにはしています」

被写体としてレンズと向き合うとき、フィギュアスケートで培われた感性が色濃く反映されているという。

「意識を変えるというか、雰囲気を変えるというか、これはフィギュアスケートで培ってきたこととも共通していて、プログラムによって違う音楽に対して、どうアプローチしていくか、ということに似ていると思います」

一方で、フィギュアスケートは、表現者である羽生が能動的に、主体的に演じていく。

そこに受け手である観客がいる。競技者時代にはジャッジがいる。被写体としての羽生はレンズに対して、主体的、能動的に向き合うのか、それとも、向けられたレンズと受動的に対峙するのか。

羽生は「なるほど」と一呼吸置いて、自らの考えをこう語った。

「なんでしょうね。フィギュアスケートをやっているときもそうなんですけど、外（観客やジャッジの視点）から自分を客観的に見て演技しているイメージを持っていることがあります。『自分を外側から観たとき、どう映っているんだろう』という意識を、（演技をしているときにも）持っています。撮影に臨むときも、その感覚のままという感じがしなくはないですかね。

フィギュアスケートも自分から発しているんですけど、受け手側の立場の自分もいるんですね。（演じる）プログラムによって、客観と主観、能動的と受動的という割合は変わりますが、とらえ方の感覚としては、フィギュアスケートの延長線上にある感じがしますね。

もちろん、先ほども言ったように、自分の内側までのぞくようにカメラを向けられているときは、なるべく自分を外から見ないようにはしています。言い方が抽象的になってしまうかもしれないですけど、そういうときのカメラマンは僕の魂まで被写体の対象にしていると思うんです。だから、そういうときは、野性的な自分をさらけ出すイメージに近いかもしれません」

スタジオで向き合う撮影とは異なり、フィギュアスケーターとしての羽生は、無数のカメラからレンズを向けられるなかで演技を続けてきた。

ふっと息を抜きたくなる瞬間もあるだろう。集中の糸が一瞬、ゆるむこともあるだろう。しかし、小海途は「羽生さんはどんなときも『絵』になる」と言う。

だとすれば、常に極限の意識を無数のカメラに対して向けていることにならないだろうか。羽生から返ってきた予想外の答えを聞いて、うなずいた。

「競技自体は、カメラに向けて演技をしているわけではありません。競技者時代は、レフェリーも含めた10人のジャッジへ意識を飛ばしていたと思います。すべてのジャッジが僕の身体を正面から見たとき、それぞれの正面の位置から見るとすれば、120度くらいでしょうか。僕はどの角度から観ても、カッコいい状態でないといけないと思って演技をしていました。(ジャッジはいなくなったが、羽生の演技だけを観たいという観客が四方から視線を注ぐ)プロになったいまは、僕の演技を観てくれる人は、観客の方々であれ、カメラマンであれ、360度のどこからでもカッコよく、美しく、見えないといけないという意識が強くあります。写真に関しては、カメラマンがいい意味で、そのなかの一瞬を切り取ってくれると思っています。だから、僕はカメラマンの腕に託して演技をしている感覚はあります」

羽生は自身が被写体でありながら、カメラのことにも精通している。インタビュー中も専門的な用語が出てくる。

「実際に撮ってくださった写真のＩＳＯ感度もそうですし、色合い、ホワイトバランスもそうですが、いろいろなことがそれぞれのカメラマンによって好みが違うことは、写真を見ているとわかります。センスも人それぞれだと思います。僕のなかでは、プログラムのなかで『ここで撮ってほしい』という場面はそれぞれに存在します。たとえば、『ＳＥＩＭＥＩ』でいえば、太鼓の音が『ドンッ』と鳴るところで、両手を広げて、目をカッと見開くタイミングがありますよね。でも、カメラマンによっては、両手を上げる瞬間の若干、ブレているところの躍動感が好みで狙ってくる場合もあります。

ハイドロ（ブレーディング）もポージングが完璧に決まった瞬間を撮るカメラマンもいますし、たとえば、ノッテ（『notte stellata』）だったら、氷上に湖面のように映っている（自身の）影を撮ってくれる人もいます。

それぞれのカメラマンの方々がとらえた演技の『一点』は、フィギュアスケートという『線』のなかで、その一瞬、その立ち位置でしか見えない光景だと思うんです。僕は360度、どこから観ていただいてもカッコよく見えるように意識は向けています。だけど、見え方は位置によって違います。照明が当たった姿も、（スケート靴のエッジが削り出して舞い上がる）氷のしぶきも、まったく違うものになってきます。観る方々の感性によっても、受け取り方って違いますよね」

羽生の演技は常に「唯一無二」であり、ジャンプの軌道はミリ単位でも狂いが生じないように徹底している。一方で、振り付けは毎回、同じプログラムでも決して同じにはならない。プログラムは「生き物」であり、羽生は今回のインタビューでも「けっこう、アレンジをしてしまう」と打ち明けている。

だからこそ、演技の一瞬を切り取った写真を見たときに、どの場面の振り付けかがすぐには思い出せないこともあるという。

羽生は2024年2月19日、初の単独ツアー公演「Yuzuru Hanyu ICE STORY 2nd "RE_PRAY" TOUR」の千秋楽公演となった横浜市・ぴあアリーナMMのリンク上で、「（観客席の）みなさんのなかには、もしかしたら今回しか来られない人もいるかもしれません。だ

からこそ、僕自身も毎回、演技をしているとき、いつ終わってもいいと思えるくらい、魂を置いて滑っています。毎回、魂をぶち込んでいます。一粒の砂くらいでもいいので、今日の感情がなにかしら、みなさんの中に残ってくれたらいいなと思っています」と話していた。ライブ感を楽しみに足を運んだ観客に、過去にテレビなどで観たのと同じ演技を披露するつもりはない。

その日の客席の雰囲気、自らの気持ちの高ぶりなど、さまざまな要素を織り込んで、流れのなかで振り付けに変化が生じるケースもある。一期一会の出逢いを大切に、そのときにしか演じることができない舞を降臨させるからこそ、感動が絶えない。

小海途も、その日の最も印象的な「一瞬」として、羽生が織りなすアレンジにフォーカスする。

「羽生さんの演技の振り付けを覚えて、自分の撮りたい絵を決めてレンズを向けることがフィギュアスケート写真の〝定石〟としてあります。だけど、僕はその日のその演技にしかない羽生さんのアレンジした振り付けを収めたいと思っています。たとえば、18年のロシア杯で魅せたイナバウアーは、左腕を高く上げて反らせています。いままでにないシーンで驚きました。ハイドロなどもわかりやすいですが、それ以外でも細かな振り付けが違うことは、羽生さんの演技ならではの特徴ともいえます。観客の人たちも含めて、初めて見るアレンジをとらえることができれば、それはおのずとその日の最も印象的な写真になると思っています」

小海途がプログラムの細部にまで妥協なく、追い求める「その日の最高の一瞬」を写した作品（写真）を、羽生は好意的にとらえる。

「（左右、上下、そして前後へと空間のすべてを表現の対象とする）X軸もY軸も、Z軸もあるフィギュアスケートのなかで、小海途さんは『この一瞬がカッコいい』って思わせてくれるカメラマンだと思います。だから僕は、小海途さんが『好きだな』『いいな』って思ったシーンを切り取ってくれるのはうれしいですよ」

インタビュー写真を撮影している小海途が、恐縮の表情を浮かべていた。そんな姿を視界にとらえた羽生は、「いま、めっちゃ絶賛してる」と茶目っ気たっぷりに笑った。

そして、インタビューのなかで、羽生は小海途を「（自分の軸となる心の）内側を撮ろうとしてくれるカメラマンです」と評していた。

この言葉が小海途の心に深く刻まれている。小海途は筆者のインタビューを受けるなかで、自らの写真を羽生がどうとらえているのか、をずっと気にしているように思えた。

フィギュアの「定型」をぶち壊すことには躊躇がなかった男にとって、後ろ盾となってくれた羽生のファンの存在は大きな支えだった。

プロになった羽生のショーで、オフィシャルカメラマンを任されるようになり、羽生を撮るということにそれなりの手応えと自信は芽生えていた。

しかし、肝心の羽生はどうなのだろう。

この本でも紹介したように、小海途は写真という作品を通して、被写体である羽生とコミュニケーションを図ろうとしていた。だからこそ、写真に対する評価がすべてだと思っていた。

「内側を撮りたいタイプのカメラマン」という言葉には、小海途がずっと求めていた「最高のアンサー」が込められていた。

フィギュアスケーターであり、アーティストであり、スポーツや芸術の枠を超えた唯一無二の表現者・羽生結弦の進化の先には、どんな光景があるのか。

それは、まだ誰にもわからない。

そこには、必ず、輝きを解き放つ一瞬がある——。

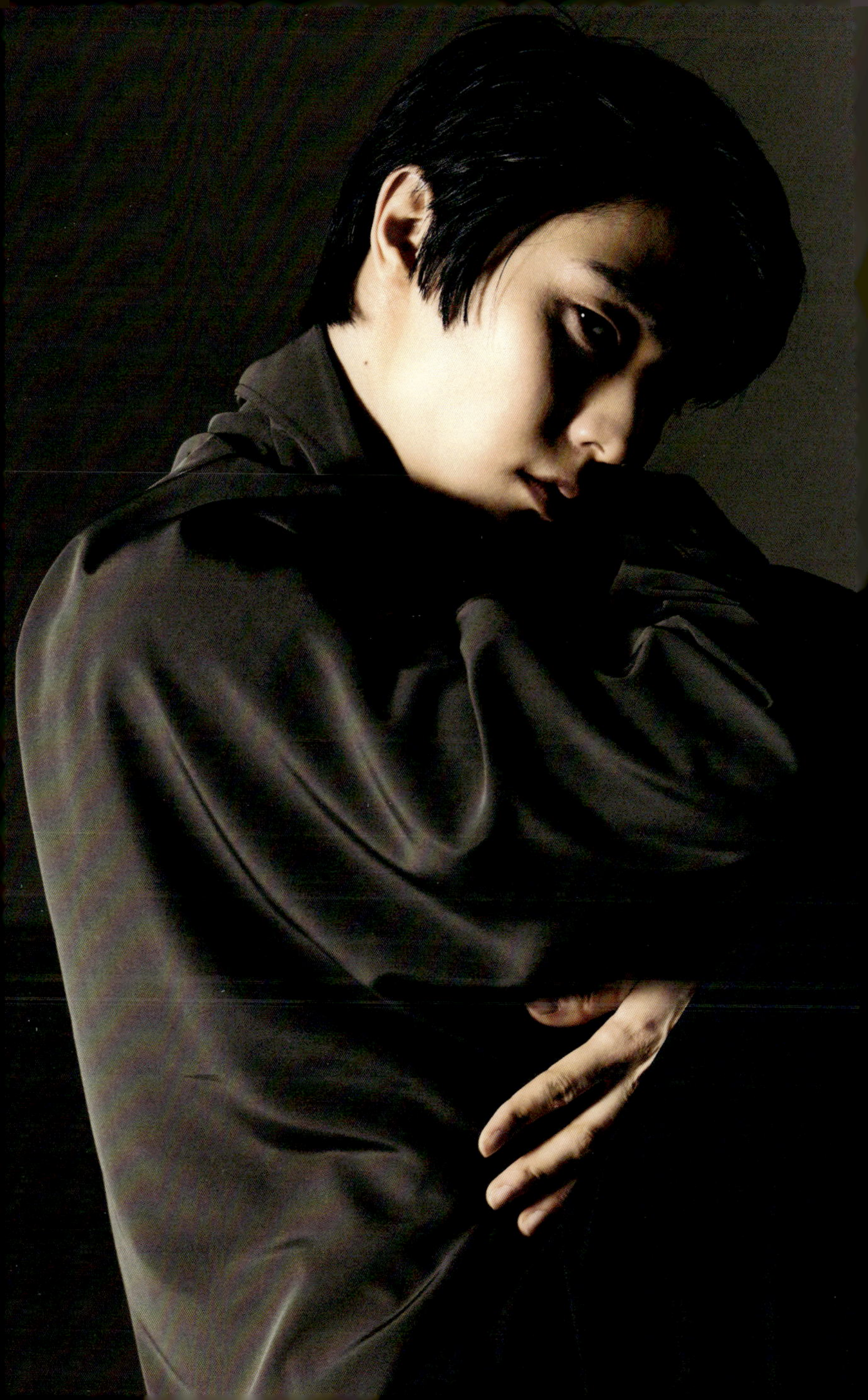

あとがきにかえて

「スポーツ報道を変えたカメラマンとして、一冊の本に書き残したい」

スポーツニッポンのカメラマンである小海途氏のことは、以前からフィギュアスケート会場で顔を合わせる程度には知っていた。

腰を据えて話すのは、2023年9月、スポニチのフィギュア担当である大和弘明記者にアカウントを教えてもらって連絡をしたこのときが初めてだった。

取材現場でも決して口数の多くない男の心中にどこまで迫れるか。しかし、そんな不安が杞憂に終わるほど、わかりやすい言葉でカメラマンとしての軌跡と、羽生結弦さんへのリスペクトがこもった言葉を紡いでくれた。

物書きの端くれとしては、文章には書き手の人柄が出るということを知るが、写真の世界はそれ以上ではないか。

羽生さんの透明感は、邪念を持ったカメラマンには写せない——。そう思わせるほど、紳士的な対応の取材だった。

プロスケーターとなった羽生さんは活動の幅をますます広げている。

そのフィールドはフィギュアスケートという競技はもちろん、スポーツという枠でも、日本という島国にも収まっていない。

そんな羽生さんをどう見ているのか。これからの小海途氏はどんなカメラマンを目指していくのか。少し長くなるが、関西弁の混じったイントネーションで語ってくれた小海途氏の考えが詰まった言葉を記したい。

「僕は常々思っていたことがあります。

羽生さんの魅力を、僕たちは引き出しきれていない。もっとさまざまなカメラマンから撮られるような環境になるべきだ、と。競技者のとき、羽生さんを撮影できる人は限られていました。新聞、雑誌などのメディアに属するカメラマンだけだったと思います。もちろん、CMなどの撮影もあるでしょうが、それは限定されていました。

そうすると、羽生さんを撮影できるのは、スポーツ報道を主戦場としている僕たちしかいなかったわけです。

羽生結弦という稀代の表現者がいるのに、僕らの数少ない引き出しだけで、羽生さんを撮っているというのは、ありがたいと同時に、すごくもったいないと思っていました。

カメラマンには、報道以外の分野にたくさんのスペシャリストが存在していて、僕らができないような撮り方があると思っています。

もっと、いろんな羽生さんの魅力を引き出せるような表現があるだろうなと思っていました。

羽生さんがプロになって、想像していた世界が現実になってきました。高級ブランドの広告作品への露出が増えたり、ファッション誌など多様な雑誌の表紙を飾ったりなど、活躍の幅を広げています。こうした作品は、僕の想像以上で、まさにファンの人たちも待ち望んでいたものだと思います。

僕としては、すごくうれしいことで、『こんな表現もあるんだ』とすごく刺激をもらっています。

同時に、僕も自分にしかできない表現で勝負に挑んでいかないと、という思いで気が引き締まっています。

これからは、報道という狭い世界を出て、カメラマンはもちろん、名だたるクリエイターや表現者の人たちと比較されるようになっていくわけです。報道カメラマンである僕たちも進化を追い求めていく時代に入ったと思っています。

見る人たちの目も肥えてきて、これまでと同じものでは評価されません。

僕もスポーツ報道という枠組みのなかでは、〝神〟なんて呼んでいただいていますが、報道の外の世界の人と比べたら、『意外にそうでもないね』と言われることも覚悟しています。

対抗していくということではないかもしれませんが、もっと、自分の中に眠らせている〝引き出し〟を開けていこうと思います。

羽生さんを応援しているファンの人たちが後押ししてくれたことで、スポーツ報道の『定型』から突き抜けたように、もっと自分が持ち得ている感性を解放して、もっと羽生さんの新たな魅力に迫っていきたいと思っています」

相変わらず、自己評価に厳しい答えだが、同時に、未来を見据えていることに驚かされた。現状にあぐらをかくことなく、常に進化を目指していく――。これは、羽生結弦という絶対王者の思考と同じではないか、と思わずにはいられなかった。

もちろん、本人に確かめたところで、「同じ土俵で比べられるような存在ではない」と否定するだろうが。

小海途氏が抱く危機感は、スポーツライターの肩書で活動をしている筆者にもあてはまる。スポーツ報道という枠組みのなかで、フィギュアスケート取材には、顔なじみの記者がたくさんいる。

それぞれの記者が描き出す記事には、個性が備わり、読んでいて唸るような内容の記事や企画もたくさんある。切磋琢磨して、取材力や執筆力を磨いてきたつもりだが、外の世界を意識したことは、それほどなかった。

羽生結弦という人物を追う者は、どんな立場にあっても歩みを止めてはいけないのだということを、小海途氏への取材を通して痛感させられた。

小海途氏が歩んできた軌跡には、反骨心も入り交じった感情を抱きつつ、誇りを持っていることがうかがえる。

そして、羽生さんへの感謝の念はとてつもなく深い。

「小さいころからスポーツをやってきて、いつかプロのスポーツ選手になりたいと本気で思っていました。一方で、高校時代は、アートにも興味があり、美術の先生からは『美大に行ったら』と言われたこともあります。いまはスポーツをアーティスティックに表現するという、いわば自分が好きだった二つのことを同時に取り組めるような仕事ができています。

だから、スポーツ新聞のカメラマンになれたときは、本当にうれしかったです。

そこで思いきり自分が思うような写真を撮りたかったのですが、報道写真には『定型』があり、僕が好きなアーティスティックな趣向は求められていなくて……。自由な発想というよりは過去から受け継がれてきた枠組みのなかで撮ることを求められる世界で、正直に言えば、自分を表現することは難しく、息苦しさもありました。好きなスポーツに接することができるという欲求が満たされていたので楽しく続けられていましたが、そんなときに、羽生さんに出逢いました。

もう運命ですよね。

僕の人生を変えてくれましたからね。羽生さんを撮影することで、自由な発想で写真を通して表現していくという、もう一つの欲求が少しずつ解放されるようになっていきました。もちろん、最初は未熟でした。

羽生さんという素晴らしい被写体がいたからこそ、僕自身も時間をかけて、表現の幅を広げていくことができたと思っています。羽生さんが、こうなりたいと願っていた自分にさせてくれた、という感謝の気持ちがすごくあります」

筆者は、羽生さんの番記者として2011年から取材を続けてきた。五輪連覇も幾多の世界歴代最高得点も会場で目撃し、記事にしてきた。

しかし、常に葛藤が残っている。

活字を使った表現で、羽生さんのすごさを充分に伝えることができているのだろうか、

と。傍らで見てきた小海途氏が〝神カメラマン〟と称される存在になっていることはうらやましく、ときに嫉妬の対象でもあった。

しかし、そんな小海途氏も、「レンズ越しの羽生さんは、いつもカメラには収まっていないです。表現している世界が大きすぎて、ファインダーには収まらないんです」と、同じような葛藤を抱えていたことが、今回の取材を通してわかった。

小海途氏の発想は勉強になる。

「一枚の写真には収まらないからこそ、目に見えないものまで写さないといけないと思っています。

羽生さんが表現している世界は、目に見えているものがすべてではありません。それ以外のたくさんのことを想像し、解釈しながら、写真に表現していかないといけない。羽生結弦はそういう対象だと思います。

だから、僕が撮影した羽生さんの写真には、心から満足したカットが存在しないんです。そういう葛藤やもどかしさは常に抱えています。

いつか満足のいく写真を撮ってみたいと思っています。そのときが訪れる予感が、いまはまったくありませんが、カメラマンとして目指すべきところは、そこでありたいと思っています」

小海途氏への取材は10回以上を数えた。1回の取材で長いときには3時間近くを費やした。細かな事実の確認にも付き合ってくれ、実際に撮影した写真や紙面を示しながら、写真の世界に関してまったくの素人である筆者に丁寧に説明してくれた。

彼が話す羽生さんをとらえた世界観はいつも興味深く、カメラの世界に引き込まれるような楽しい取材時間だった。あらためて感謝の気持ちを記したい。

情報を補足するために取材を依頼したスポーツニッポンの長久保豊氏も多忙ななかで協力してくれたことに御礼を申し上げたい。少しばかり我の強い後輩カメラマンを、温かく見守る長久保氏の存在が〝神カメラマン〟を生み出したことは間違いないだろう。

小海途氏が撮影し、長久保氏が構成に携わったスポーツニッポン新聞社発行の『y羽生結弦写真集』は24年7月、世界のクリエイターたちが目指すデザインなどの国際コンテスト「Graphis Design Awards 2025」のデザイン部門のシルバーアワードに輝いた。

これまでのスポーツ報道写真とは一線を画した世界へと読者らを導いたことなどが受賞に結び付き、まさに本書で書き記してきた小海途氏の努力が結実したことを祝福したい。

そして、拙著『羽生結弦の肖像　番記者が見た絶対王者の4000日』に続き、編集を担当し、一言一句に至るまで入念にチェックを入れてくれた山と溪谷社の村尾竜哉氏にも、この場を借りて謝辞を述べたい。

多忙ななかで本書のためのインタビューに時間を割き、被写体としての立ち位置を丁寧に話してくれた羽生結弦さん、そして、最後まで目を通してくださいました羽生さんのファンをはじめとした読者のみなさまにも、深く感謝の気持ちを記したい。

田中 充（たなか・みつる）

尚美学園大学スポーツマネジメント学部准教授。スポーツライター。1978年、京都府生まれ。早稲田大学法学部卒。早稲田大学大学院スポーツ科学研究科修士課程を修了。産経新聞社を経て現職。専門はスポーツメディア論。プロ野球や米大リーグ、フィギュアスケートなどを取材し、著書に『羽生結弦の肖像』（山と溪谷社）、共著に『スポーツをしない子どもたち』（扶桑社新書）など。

小海途良幹（こがいと・よしき）

スポーツニッポン新聞社カメラマン。1983年、三重県生まれ。早稲田大学人間科学部スポーツ科学科卒。フィギュアスケートを中心にサッカー、野球などを撮影。『y 羽生結弦写真集』（スポーツニッポン新聞社）、『浅田真央アイスショー Everlasting33写真集』などを手がける。

【参考文献】

・共同通信
・時事通信
・朝日新聞
・読売新聞
・毎日新聞
・産経新聞
・報知新聞
・日刊スポーツ
・スポーツニッポン
・サンケイスポーツ
・デイリースポーツ
・Quadruple Axel（2018～24年、山と溪谷社）
・フィギュアスケート日本代表ファンブック（2018～24年、山と溪谷社）
・羽生結弦 アマチュア時代 全記録（CCCメディアハウス）
・国際スケート連盟（ISU）公式ホームページ
・日本スケート連盟（JSF）公式ホームページ
・アイスリンク仙台 公式ホームページ

レンズ越しの羽生結弦 神カメラマンが見た絶対王者

2025年1月5日　初版第1刷発行

著　者　田中 充
写　真　小海途良幹
発行人　川崎深雪
発行所　株式会社 山と溪谷社
〒101-0051 東京都千代田区神田神保町1丁目105番地
https://www.yamakei.co.jp/

印刷・製本　大日本印刷株式会社

〈乱丁・落丁、及び内容に関するお問合せ先〉
山と溪谷社自動応答サービス　TEL 03-6744-1900　受付時間／11:00〜16:00（土日、祝日を除く）
メールもご利用ください。【乱丁・落丁】service@yamakei.co.jp　【内容】info@yamakei.co.jp
〈書店・取次様からのご注文先〉
山と溪谷社受注センター　TEL 048-458-3455　FAX 048-421-0513
〈書店・取次様からのご注文以外のお問合せ先〉
eigyo@yamakei.co.jp

 Printed in Japan ISBN 978-4-635-55026-0

特典映像　Photo Shooting | Behind the Scenes

カバー&グラビア撮影風景

本誌限定の特典映像としてカバー&グラビアの撮影風景を公開いたします！　スマートフォンまたはタブレットでQRコードを読み取り、右記のパスワードを入力してご覧ください。

[キーワード]
lens

※本動画やQRコードのSNS等へのコピー・転載はお控えください。
※動画の閲覧期間は2025年12月31日で終了します。